Rainer Lienemann

Weisheit im Buschtaxi

"In den heißen Ländern brennt die Sonne freilich anders als bei uns. Die Leute werden ganz mahagonibraun, ja, in den allerheißesten Ländern brennen sie gar zu Mohren. Aber es war nur zu den heißen, wohin ein gelehrter Mann aus den kalten Ländern gekommen war. Der glaubte nun, dass er dort umherlaufen könne wie zu Hause; aber das gewöhnte er sich bald ab. (...)" H.C.Andersen, Der Schatten

Rainer Lienemann, Jahrgang 1950, läuft seit 1991 im Senegal und in angrenzenden Ländern herum, stellt in Lesungen seine Reiseerlebnisse dar und informiert auf der Internetseite *www.bonjourtoubab.de* über Land und Leute sowie deutsche Hilfsvereine im Senegal.
Kontakt: *post@bonjourtoubab.de*

Rainer Lienemann

Weisheit im Buschtaxi

Reiseimpressionen aus dem Senegal

Impressum:
© Rainer Lienemann 2008, neue Auflage 2017
Umschlagentwurf: Uhlig/ www.coverdesign.net
Umschlagfotos: www.iStock.com (Vorderseite unten)
Rainer Lienemann (Vorderseite oben und Rückseite)

Herstellung und Verlag:
BoD - Books on Demand, Norderstedt
ISBN-13: 9783837025163

Inhaltsverzeichnis

Vorwort

Zum ersten Male reiste ich 1991 in den Senegal. Damals interessierte ich mich für afrikanischen Tanz und afrikanisches Trommeln und hatte in Deutschland einige entsprechende Workshops besucht.

Der senegalesische Tanzlehrer, bei dem ich mehrere Kurse mitgemacht hatte, bot zum Jahresende 1991 in seinem Heimatland einen weiteren Kurs an. Ich hatte mir ein halbes Jahr Auszeit an der Schule genommen und entschied mich dafür, diesen Kurs mitzumachen und zugleich das Land näher kennenzulernen.

Vor und besonders nach dem Tanz- und Trommelkurs reiste ich auf eigene Faust im Lande umher, lernte Menschen kennen, die Landschaft und etwas von der mir fremden Lebensweise. In den folgenden Jahren zog es mich immer wieder in den Senegal; einmal reiste ich über Mali, und von Gambia lernte ich auch etwas kennen. Wie ein Fieber erfasst mich spätestens nach zwei Jahren immer wieder der Wunsch, nach Afrika bzw. Senegal zu reisen, dem ich teils mit Freunden, teils allein etwa zwei Dutzend Mal nachgab. Zwischen einer Woche und zwei Monaten hielt ich mich an den unterschiedlichsten Orten auf, oft in Begleitung meines Freundes Cheikh Diop, eines senegalesischen Deutschlehrers. Ihn lernte ich auf der ersten Reise kennen und mit ihm verbindet mich seitdem eine herzliche Freundschaft. Ich verdanke ihm einen vertieften Zugang zu den Menschen und zur Kultur im Senegal. Merci, Cheikh! Dieses Buch möchte ich dir und unserer Freundschaft widmen. Dank an Irmelin Sansen und meine Liebste Marlies für die Durchsicht der Texte und die Aufdeckung von Fehlern und Ungereimtheiten. Vielen Dank an Thomas Uhlig für die Covergestaltung. Dank an

Martin Hennig, dessen Erlebnisse ich hier mitverwenden durfte. Und Dank an Lamine, Ouleye, Matthieu und andere, die in vielen Gesprächen offen über sich und ihre Lebensumstände erzählt haben.

Die Texte entstanden in der Zeit von 1991 bis 2008, die älteren Texte sind in Einzelheiten heute vielleicht nicht mehr zutreffend (der Craft Market von Brikama z. B. ist in neue, unattraktive Gebäude am Ortsrand verlegt worden, das Café de Paris seit Ende der 90er Jahre verschwunden). Namen von Personen und Orten sind zum Teil geändert. Die mit *Mamadou* überschriebenen Texte geben aus der Sicht eines fiktiven Senegalesen wieder, was ich von verschiedenen Einheimischen erzählt bekommen habe und was sich eher in dieser Art direkter Rede oder Ich-Erzählweise wiedergeben lässt. Mit einem * versehene Begriffe werden am Ende des Buches erläutert. Einzelne der angegebenen Internetquellen sind nicht mehr aufzufinden; auf der Seite www.bonjourtoubab.de/weisheit.htm sind einige der Quellentexte zugänglich gemacht.

Dakar

Ankunft I

Dakar kann für den westlichen Reisenden anstrengend sein, besonders wenn er zum ersten Mal in Afrika ist und seine Erfahrungen in der trubeligen Hauptstadt auf eigene Faust machen will.

Es beginnt am Flughafen[1], wo Dutzende von engagierten Helfern den frisch Angekommenen in Empfang nehmen und ihm eine sehr günstige Fahrgelegenheit in die Stadt verschaffen wollen. Schon will dir jemand freundlich, aber bestimmt das Gepäck aus der Hand nehmen, und du musst hinterhergehen zu einem der wartenden Taxis, das dich zu einem überhöhten Preis zu deinem Ziel bringen wird. Dass du kein Kleingeld hast, vielleicht noch gar kein senegalesisches Geld, macht nichts, der Fahrer nimmt auch Euros an, leider kann er auf den Schein nicht passend herausgeben ... [2]

Besser ist es, man wird von Freunden am Flughafen abgeholt und verbringt auch die ersten Tage in Dakar in Begleitung. Dann bleiben dem Neuankömmling stressige und verwirrende Situationen erspart und er kann sich langsam auf die Eigenheiten der Menschen und die Besonderheiten der Hauptstadt einstellen. Meine ersten Erfahrungen habe ich als Alleinreisender bzw. in Begleitung eines weißen Freundes gemacht. Dadurch ergaben sich einige eigenartige Situationen, die, wie ich in Gesprächen mit anderen weißen Reisenden erfahren konnte, nicht untypisch für die Erlebnisse frisch aus Europa eingetroffener weißer (Einzel-) Reisender waren. Sie sind aber nur in diesem Sinne bezeichnend und sollen beim Leser kein schiefes Bild der Hauptstadt und ihrer Bewohner erzeugen; Dakar hat viele Gesichter, auch viele angenehme, wie ich nach und nach erleben konnte. –

Dem frisch Angekommenen in der westafrikanischen Metropole ist dies in der Regel anzusehen, die weiße Haut ist noch unberührt von der senegalesischen Sonne, das Verhalten zeigt eine gewisse Unsicherheit, die Bereitschaft, auf eine freundliche Anrede zu reagieren, ist noch ungebrochen. Das teilt sich denjenigen Senegalesen mit, die auf den Straßen des Zentrums ihren Lebensunterhalt im Kontakt mit den Weißen verdienen. Das sind vor allem die Bettler und die vielen Straßenhändler, die ihre unterschiedlichsten Waren geduldig immer wieder anbieten und sich so leicht nicht abschütteln lassen.

In den letzten Jahren hat sich viel getan in Dakar: die meisten der alten Autos sind verschwunden, doch Staus und Luftverschmutzung haben zugenommen. Es wird im gesamten Peripheriebereich viel gebaut, vor allem entlang der Strecke zum neuen Flughafen bei Diamnadio, der wohl bald in Betrieb genommen wird. Im Zentrum herrschen Glas und Stahl vor, in den Schaufenster die westlichen Waren. Insofern gleicht sich die Hauptstadt anderen Großstädten an, wird gesichtsloser und verliert Besonderheiten.

(1) Der Flughafen in Dakar liegt nach einem Ranking der US-Zeitschrift „Foreign Policy" auf Platz eins der fünf schlimmsten Flughäfen der Welt.

(2) Zwei treffende Beschreibungen von Ankunftserlebnissen weißer Reisender in Afrika findet man in den folgenden Romanen:
Henning Mankell, Das Auge des Leoparden S.29-38
Richard Dooling, Grab des weißen Mannes S.62-64

Ankunft II

Eine ältere Schweizerin hat sich im Gästehaus von Karl und Rosi angemeldet, sie kommt am späten Abend mit dem Flieger an und soll von Karl abgeholt werden. Die Parkmöglichkeiten am Flughafen sind begrenzt, unübersichtlich und kostenpflichtig. Karl ist zudem spät dran, parkt irgendwo, ist 20 Schritte vom Auto weg, als er von einem Polizisten angehalten wird und diesen zur Zahlung des Strafgeldes kurz zur Brigade neben dem Flughafengebäude begleiten soll. Das zieht sich aber hin, das Flugzeug ist inzwischen gelandet; die Schweizerin, zum ersten Mal in Dakar, kommt aus dem Gepäck- und Zollbereich ins Freie und trifft auf eine Unzahl von hilfsbereiten Menschen, die sich um sie und ihr Gepäck bemühen. Sie kennt Karl nicht persönlich. Es gelingt zwei jungen Schwarzen, sich ihr als Abholkomitee des Gästehauses vorzustellen, sie in ihren Wagen zu verfrachten und loszufahren. Aus dem Wagen ruft sie gleich Rosi an, um ihr die Ankunft mitzuteilen. Rosi ist beunruhigt, erklärt nicht viel, sondern bittet sie dringend, sich an der nahen Tankstelle am Flughafen absetzen zu lassen und dort zu warten. Sie dirigiert per Handy ihren Mann dorthin, der inzwischen die Strafgebühr bezahlt hat und vergeblich am Flughafenausgang wartet.

Die Jungs begrüßen ihn freundlich mit "Hallo Karl!", denn diese wie andere Informationen haben sie im lockeren Gespräch mit der Schweizerin herausgefiltert. Sie bestehen auf der Weiterfahrt mit dem Fahrgast und geben erst nach, als Karl mit der Polizei droht.

Tricks I

Zwei junge Männer kommen von der anderen Straßenseite, etwa 30 Meter vor mir, auf mich zu. Auch ohne konzentriert darauf zu achten, bekomme ich mittlerweile mit, wenn sich hier in Dakar eine irgendwie unangenehme Situation anbahnt. Und wenn zwei junge Männer in einiger Entfernung die Straße wechseln, in meine Richtung kommen, einer ein Stück Papier auf der Hand mit einem Warenangebot, werde ich aufmerksam. Ich habe keine Lust meinerseits die Straße zu wechseln und erwarte den Lauf der Dinge, den ich zu kennen meine.

"Monsieur, bonjour, wie geht es Ihnen?" werde ich angesprochen. "Es geht", erwidere ich den üblichen Gruß ohne stehen zu bleiben, worauf die beiden, links und rechts von mir, in meine Richtung mitgehen. "Schauen Sie, ein schöner Armreif. Möchten Sie ihn nicht mal anprobieren?" Er hält mir das Papier hin, auf dem sich drei Armreifen befinden, aus Kupfer, mit eingearbeiteter Kaurimuschel, wie man sie oft hier sieht. "Nein danke", sage ich, und weiß, dass ich die Hemdtaschen zuge-knöpft, nichts in den Hosentaschen und auch keine Armbanduhr oder Schmuck an mir habe. Denn der Trick beruht darauf, durch Ablenkung der Aufmerksamkeit, behinderte Sichtmöglichkeit und möglichst noch einen kleinen Rempler eine Situation zu schaffen, in der mit Geschick in die Taschen des Opfers gegriffen werden kann. So habe ich es mehrfach im Zentrum von Dakar erlebt.

Da werde ich auch schon von rechts ein wenig geschubst, "Pardon", murmelt der junge Mann, mit seinem Kollegen an der linken Seite bekomme ich Körperkontakt, spüre seine tastende Hand an meinem Körper, bin mit einem Schritt zurück außerhalb des Zugriffsbereichs und sage, es tue mir leid, ich hätte heute weder Geld noch sonst irgendetwas Interessantes bei mir. Die Jungen schauen etwas verdutzt, versuchen noch einmal, ihren

Verkaufsvorwand anzubringen und sich mir zu nähern, ich zeige ihnen freundlich meine leeren Hosentaschen, sage auf Wolof, "amul xalis", hab' kein Geld, was sie zwar nicht glauben, aber mit einem Grinsen zur Kenntnis nehmen. "Kein Problem", meint der eine freundlich, dann wenden sie sich zögernd von mir ab. – Sich in einer solchen Situation zu empören, laut oder aggressiv zu werden, bringt nichts. Oft haben die Trickdiebe Kumpel in der Nähe, "Blitzableiter" gewissermaßen, die dann verständnisvoll und beschwichtigend eingreifen, die Klage des Opfers anhören, aber deutlich machen, es sei ja nichts Schlimmes passiert, man könne ja froh sein, die Jungs seien harmlos, die Polizei zu holen nütze nichts usw.

Als ich einem solchen "Blitzableiter" gegenüberstand und er mit den selben Worten wie ein anderer beim letzten Mal mich zu beruhigen versuchte, mir dabei auf den Arm klopfte, hatte ich den Eindruck, dass dies der geeignete Augenblick wäre, die echte Abzocke durchzuziehen ...

Bei meinem zweiten Aufenthalt in Dakar wurde ich innerhalb von zwei Tagen dreimal so oder ähnlich angegangen. Einmal hatte der freundliche junge Mann schon meine Armbanduhr in der Hand, die er nach meinem unsanften Zugriff wieder loslassen musste, ein anderes Mal waren einige Briefmarken die Beute, die ich in die nicht zugeknöpfte Brusttasche gesteckt hatte, der dritte Trick war eben jener mit den Armreifen auf einem Stück Papier.

Ich hielt mich danach zwei Wochen im Landesinneren auf, wo man als weißer Reisender solche Probleme überhaupt nicht hat. Vor der Rückkehr nach Dakar und in Erwartung ähnlicher Situationen hatte ich aus Spaß einen kleinen Zettel geschrieben mit der französischen Verwünschung "Dass Gott dir die Hand abhacke, du Dieb!" Darunter setzte ich die gefälschte Unterschrift des senegalesischen Oberheiligen Amadou Bamba, des Gründers der einflussreichen islamischen Bruderschaft der Mouriden. Da würde jemand einen gehörigen Schrecken bekommen! Was der wohl denken würde? Hoffentlich konnte er überhaupt lesen! Voller grimmiger Vorfreude und mit dieser Botschaft in der unverschlossenen Brusttasche gehe ich am nächsten Tag durch Dakar und warte ungeduldig auf einschlägige Annäherungen.

Was geschieht? Ich bleibe zwei Tage völlig unbehelligt, kein Trick- oder Taschendieb will etwas von mir wissen, selbst die üblichen dreisten Verkäufer sprechen mich viel seltener an. Ich flaniere abends lange durch die für die Kleinkriminellen idealen Seitengassen des Zentrums, will unbedingt meinen Zettel an den Mann bringen. Keine Chance, es ergibt sich diesmal nicht der Ansatz der erwünschten unerwünschten Begegnung. Schließlich gebe ich auf und setzte mich enttäuscht ins Café de Paris. Bei einem Bier zolle ich der Macht Amadou Bambas Respekt und nehme mir vor, diesen Zettel für die nächste Senegalreise sorgfältig aufzubewahren.

Deutsche Sandalen

Wieder hatte mich ein junger Mann angesprochen, wieder war ich auf ein Gesprächsangebot eingegangen in den anstrengenden ersten Tagen in Dakar. Die Skepsis, die sich nach einigen Begegnungen mit den zahlreichen, oft aufdringlichen Straßenhändlern gebildet hatte, wich einer Überraschung, da dieser junge Schwarze mir anscheinend nichts verkaufen wollte. Wir kamen über dies und das ins Gespräch. Welch schöne Sandalen ich hätte, meinte mein Begleiter nach kurzer Zeit. Ob ich ihm nicht das Paar verkaufen könne? Sein Vater sei

14

Schuhmacher und brauche unbedingt ein Paar dieser hervorragenden deutschen Sandalen als Modell. Ich wisse ja gar nicht, wie gefragt die hier seien. Da war sie wieder, meine Skepsis, und er sah sie auf meinem Gesicht. Nein, wirklich, sein Vater würde mir für das Paar 70.-, nein, sogar 100.- Mark bieten. Es sei auch gar nicht weit zur Werkstatt seines Vaters, gleich hier um die Ecke ...

Je begeisterter er sprach, desto skeptischer wurde ich. Hundert Mark für diese abgelaufenen Sandalen, die gerade die Hälfte gekostet hatten, und das hier, wo 100.- Mark ein kleines Vermögen waren? Der Redefluss, mit dem der junge Mann auf meine Zurückhaltung reagierte, verstärkte diese nur noch. Verwundert und ungläubig nahm Mamadou, so hatte er sich zwischendurch vorgestellt, meine Weigerung auf, gleich jetzt mit ihm zur Quelle dieses unverhofften Reichtums zu gehen. Ich muss gestehen, dass ich einen Moment tatsächlich dachte, wie jetzt schnell 100.- Mark zu machen wären. Gleichzeitig konnte ich mir gut vorstellen, wie sich die Situation in der Werkstatt des Vaters ganz anders darstellen würde. Ich stellte mir lebhaft das Staunen des Vaters, aller Mitarbeiter und Anwesenden vor über dieses Missverständnis meinerseits, über meine plötzliche Weigerung, seine aus Elefantenhaut handgeschnitzten Sandalen mit Goldverzierung nicht mehr für den Spottpreis von 100.- Mark kaufen zu wollen, wie ich es doch eben noch seinem Sohn, der dazu eifrig mit dem Kopf nicken würde, zugesagt hätte. Und wie ich unter dem Druck der Situation wenn schon nicht die hässlichen Sandalen, dann ein anderes, kleineres, aber ebenso übertuertes Teil aus dem Angebot kaufen würde. Eigentlich war ich ganz sicher, dort gleich um die Ecke alles andere vorzufinden als einen auf deutsche Sandalenwracks wartenden senegalesischen Schuhmachermeister. In einer anderen als der etwas gestressten Stimmung heute hätte die Neugier gesiegt, doch so ließ ich einen ungläubig blickenden Mamadou an jener Ecke zurück, an der es für einen sandalentragenden Weißen so einfach gewesen wäre, hundert Mark zu verdienen ...

Tricks II

Ich biege um die Ecke der Hauptpost in Dakar, schlängle mich durch eine Gruppe junger Männer, die müßig herumstehen, und hoffe, dass das Wechseln der Travellerschecks in der Bank einigermaßen zügig verlaufen wird.

Da höre ich eine Stimme hinter mir: "Monsieur! S'il vous plaît!" Die üblichen Verkaufsangebote erwartend, reagiere ich nicht, doch dann ist der junge Mann neben mir und beginnt mir eifrig zu erklären, was eben, unbeachtet von mir, passiert sei.

Als ich nämlich durch die dicht stehende Gruppe gegangen sei, hätte ich ihn angestoßen und da sei seine Ampulle mit der Medizin heruntergefallen und zerbrochen. Er sei gerade von der Apotheke gekommen, wo er sich immer das Medikament holen müsse. Es sei Interferon, ein teures Medikament, und er brauche es täglich. Und jetzt sei die Ampulle kaputt; er zeigt mir auf seiner Handfläche einige kleine Scherben: kaputtes Glas. Ich bin völlig überrascht, weiß nicht gleich, was ich sagen soll, tatsächlich hatte ich beim Passieren der Gruppe eine leichte Berührung mit einem der Männer; es ist fast unmöglich, im Gedränge nicht gelegentlich jemanden anzustoßen. Es war kein Stoß, und dass etwas heruntergefallen ist, hatte ich nicht bemerkt.

Der etwas abgerissen wirkende Mann von wenig mehr als 20 Jahren klingt ernst und spricht mit einen leicht jammernden Ton. Zwei, drei seiner Kollegen nähern sich aus dem Hintergrund, stellen sich dazu und geben ihrem Freund moralische Rückendeckung. Dieser wird sicherer und etwas fordernder im Ton und meint, ich hätte das sicher nicht gemerkt, aber es sei mir nun mal passiert und da er das Medikament brauche, müsse er sich ein neues kaufen und ich müsse die Kosten jetzt ersetzen. Er holt mit der anderen Hand ein zerknülltes Papier aus der Hosentasche, es hat Ähnlichkeit mit einem Rezept, und tatsächlich lese das Wort "Interferon" darauf.

Ich fühle mich unbehaglich, weiß immer noch nicht, wie ich die Situation einschätzen soll, die durch das weitere Dazustoßen von Kollegen des Geschädigten in dieser Seitenstraße allmählich etwas Bedrohliches bekommt. Medikamente seien in Afrika teuer, er habe AIDS und müsse darum dies Interferon haben, die Ampulle habe 10.000 CFA* gekostet, das sei viel Geld. Und er hält mir noch einmal das Papier als Beweis hin. Einige seiner Kollegen nicken zustimmend mit den Köpfen. Immer mehr ähnelt die Situation einem Überfall. Ich stehe in einer Gruppe von sechs oder mehr Schwarzen, auch hinter mir steht jemand; an ein Ignorieren der Forderung und beiläufiges Weggehen ist nicht mehr zu denken. Es ist auch klar, dass sich der Wahrheitsgehalt der Geschichte jetzt nicht klären lässt. Nur einen Moment lang denke ich daran, auf einer Überprüfung der Sachlage zu bestehen, die Polizei hinzuzuziehen, lasse aber den Gedanken schnell fahren. Also bleibt nur eins, die Forderung grundsätzlich zu akzeptieren und über die Höhe in der üblichen Weise zu verhandeln.

Ich beteure noch einmal, dass ich von einem Zusammenstoß nichts bemerkt hätte, was aber, wie ich den Reaktionen entnehme, bei der Gruppe der Zeugen nicht gut ankommt, und sage, dass der Preis für das Medikament sehr hoch sei. Da scheint sich die Atmosphäre etwas zu entspannen; wenn über Geld geredet wird, läuft das Gespräch wohl in die richtige

Richtung. Ja, das sei hier teuer, meint mein Gesprächspartner, er könne mir aber etwas entgegenkommen, ich hätte das ja nicht mit Absicht getan, daher fordere er nicht den ganzen Betrag und sei auch mit 8000 CFA einverstanden. Wir sind deutlich auf der Ebene des Verhandelns angekommen, Entspannung ist spürbar, die Gruppe lockert sich schon etwas auf.

Ich weiß, dass ich einen 5000er-Schein in der Tasche habe, mehr als den will ich nicht einsetzen und pokere weiter. 8000 CFA seien immer noch viel, ich wisse wirklich nicht, ob ich der Verursacher gewesen sei, und außerdem sei ich gerade auf dem Weg zur Bank, da ich kein Geld mehr habe. Ich würde ihm aber meine letzten 5000 CFA geben, weil ich sehe, dass er wirklich in eine Notlage geraten sei. Das sei aber alles, mehr könne ich nicht für ihn tun, und damit ziehe ich den 5000er-Schein aus der Tasche und zeige ihn dem Mann. Der Schein stimmt mein Gegenüber versöhnlich. Er zögert kurz, meint, es werde schon irgendwie gehen. Dann nimmt er das Geld, gibt mir noch mit einem freundlichen "Merci" die Hand und entfernt sich mit seinen Kollegen wieder Richtung Postgebäude.

Die Bank ist am Nachmittag aus unerfindlichen Gründen geschlossen; ich gehe ins Café und mache mir so einige Gedanken über die gerade durchlebte Situation. –

Ein knappes Jahr später finde ich in einem Reisebericht im Internet exakt die gleiche Situation beschrieben, sehe meine Skepsis bestätigt, aber kann nicht anders als den phantasievollen Trick anzuerkennen, mit dem der Spitzbube mich und andere Toubabs hereingelegt hat.

Cheikhs Schneider

Es klang wie ein Entgegenkommen, als der Tanzlehrer Cheikh ankündigte, der Schneider werde morgen kommen, der Hausschneider, der den Wünschen der deutschen Tanzkurs-Teilnehmer gemäß die gekauften Stoffe zu afrikanischen Gewändern vernähen werde. Da er im Haus arbeite, stehe er jederzeit fürs Maßnehmen oder für Nähwünsche zur Verfügung. Und dass er so frühzeitig bestellt sei – der Tanzkurs hatte vor drei Tagen begonnen –, verhindere Engpässe, die sonst kurz vor Neujahr auftreten könnten.

Cheikhs Angebot wurde besonders von den Frauen bereitwillig angenommen, und der auf dem Markt preiswert erstandene Stoff mit den eigenen Schnittvorstellungen dem Schneider vorgelegt. Dieser versprach, zur Zufriedenheit der Kunden auf deren Wünsche einzugehen, behielt sich kleinere zusätzliche Gestaltungen afrikanischer Art vor und ließ sich vor allem nicht auf einen Preis festlegen. "Sie werden zufrieden sein", war sein Spruch. Sein Verhalten war ungewöhnlich; jeder Tourist lernt im Senegal bald, dass bei allen etwas größeren Geschäften der Preis immer vorher ausgehandelt wird.

Der Schneider arbeitete schnell und tatsächlich zur Zufriedenheit der Kunden. Das Lob, die Begeisterung der bei der Anprobe Anwesenden – inklusive Schneider und schwarzen Hausmitbe-wohnern – trugen dazu bei, diese Zufriedenheit herzustellen. Da fiel es anfangs nicht auf, dass die Preise für die Näharbeiten gar nicht so niedrig waren. Gut, man hatte mitbekommen, dass er einmal die halbe Nacht gearbeitet hatte, und es gab hier und da hinzugefügte aufwändige Dekorationen.

Bald zeigte sich jedoch, dass die Preise stiegen; und auf die ersten zaghaften Nachfragen und Einwände hin verwies der Schneider auf die Kundin, die gerade zuvor für die gleiche oder ähnliche Arbeit eben diesen Preis bezahlt hatte. Da der Meister der Nadel sich hierbei recht bestimmt und unnachgiebig zeigte, nahmen die weißen Kunden dies hin und zahlten die täglich steigenden Preise. Eigenartigerweise brachten auch die Frauen, die sich über die hohen Preise besonders beklagt hatten, weiterhin Stoffe und Arbeitsaufträge zum Meister, der bald mit seinen Preisforderungen bei 10.000 CFA lag, eine Summe, "für die mein türkischer Nachbar zu Hause die Arbeit auch gemacht hätte", wie eine kritische Teilnehmerin anmerkte. Es wurde auch deutlich, dass die meisten Arbeiten relativ einfach und deshalb schnell zu erledigen waren.

In dieser Phase – die letzten Teilnehmer brachten ihre ersten Aufträge, die ersten Kunden warteten auf die Fertigstellung ihrer zweiten – kam es zu Einwänden, die bestimmter vorgetragen wurden und teils auch erfolgreich waren: zwei Teilnehmerinnen bekamen sogar etwas Geld zurück. Doch nicht ein Kunde traute sich, mit seinem Nähauftrag zu einem anderen Schneider zu gehen, von denen es am nahen Markt mehrere gab, und sei es nur des Preisvergleiches wegen. Bis zuletzt wurde der Schneider mit Aufträgen bedacht, wobei die weißen Kunden ängstlich auf die Preisangabe warteten.

Durch Insiderinformationen stellte sich unter der Hand dann folgendes heraus: Der Schneider arbeitete mit Cheikhs Nähmaschine in Cheikhs Haus für eine durch Cheikh vermittelte zahlungskräftige Kundschaft. Dafür musste er Cheikh 50% des Umsatzes abgeben. Eigene Vergleiche mit den Preisen der Schneider am Markt ergaben schließlich, dass Cheikhs Schneider um etwa 300% über dem für die entsprechenden Arbeiten üblichen Satz lag.

Tricks III

Ich trinke einen Tee im Café de Paris und beobachte die Leute. Am Nebentisch sitzen drei Russen. Nach einiger Zeit zahlen sie und verlassen das Lokal. Am Ausgang werden sie von den wartenden Bettlern angesprochen, angefasst und einem wird dabei die Brieftasche aus der Hose gezogen. Er merkt dies, ergreift die Hand des Diebes, nimmt das Portemonnaie und ruft laut nach der Polizei. Seltsamerweise ist auch sofort ein Polizist da, packt mit der einen Hand den Bettler, mit der anderen das Portemonnaie, hält ein Taxi an, steigt mit dem Dieb ein, ruft noch "Commissariat!", und weg ist das Taxi mit Polizist, Dieb und Portemonnaie. Die Russen staunen.

Das "Café de Paris"

Das "Café de Paris" an der Avenue Ponty ist, wie das "Café Ponty" gegenüber, seit Anfang des neuen Jahrtausends verschwunden. Moderne Glasfassaden, dahinter gehobene westliche Waren, sind heute dort, wo das "Café de Paris" mit der geschützten Terrasse auf dem Gehweg eine Oase der Ruhe vornehmlich für weiße Besucher war. In der Hektik der vielbesuchten Avenue Ponty mit ihren ambulanten Händlern, Bettlern, Ständen, Geschäften und dem dichten Verkehr bot dieses Relikt aus vergangenen Zeiten dem gestressten weißen Besucher der Metropole für eine kurze Zeit Zuflucht.

Wenn man drinnen an einem der Tische auf der Terrasse saß, brandete das afrikanische Leben gegen die halbdurchsichtigen, bewachsenen Terrassengitter und kam als aufmerksamkeitsheischender Zischlaut oder "Monsieur! Monsieur!"-Ruf einzelner

Händler ans Ohr, den man leicht überhören konnte. Die Schwelle war eine unsichtbare Grenze, über die sich kaum ein schwarzer Händler traute. Wer als Senegalese den Schritt ins "Café de Paris" doch wagte, musste damit rechnen, zuerst von einem der drei hässlichen Dackel, dann vom schwarzen Waiter, zuletzt von der ältlichen Besitzerin des Cafés selbst böse angeblafft zu werden. Die rassistischen Hunde konnten schwarze Gäste von Schuhputzern, Bettlern etc. nicht unterscheiden und schleppten, eilig herbeihumpelnd, ihre dicken Bäuche auf zu kurzen Beinen den schwarzen Zielobjekten entgegen, die sie kurzatmig drei-, viermal verbellten, um sich nach getaner Pflicht wieder in die Hundeecke im Hintergrund des Cafés zurückzutrollen.

Das "Café de Paris" mochte ich als Ruheort, an dem sich nach den notwendigen und anstrengenden Erledigungen im quirligen Zentrum gut ein Kaffee trinken und einige Zeilen schreiben ließen. Auch für Beobachtungen sowohl der anwesenden Gäste als auch der Vorgänge auf der Straße war das Etablissement geeignet, dessen bizarrer Eigenart man anmerkte, dass es die in die Jahre gekommene Besitzerin nicht überleben würde.

Ich lasse mir im "Café de Paris" die Sandalen putzen für zuerst 1000 CFA, dann fast für 100, schließlich für 300. Die ausgezogenen Sandalen werden mit einer Politur behandelt, die ihnen einen immer dunkleren Farbton gibt. Irgendwie war das so nicht vereinbart ... Der junge Mann redet in einem fort, weist wiederholt auf die abgelaufenen Sohlen hin, die er wohl auch putzen will, wienert und wienert, ist ernsthaft bei der Sache, ein Fachmann, keine Frage. Dann lobt er seine Politur, von der er noch einmal etwas aufträgt, und hat ein weiteres Fläschchen parat, das er mir tatsächlich zu einem guten Preis verkaufen will.

Ein Leprakranker mit bizarr verkrüppelten Gliedern überquert auf Händen und Knien die verkehrsreiche Straße, um zu seinem kümmerlichen Rollstuhl zu gelangen.

Vier Bettelkinder vor dem "Café de Paris" in hellen Sackkutten mit Kapuzen wirken wie Mini-Mönche, wie heimatferne Teilnehmer eines verlorenen Kinderkreuzzuges.

Die mit dem Leben und besonders den Männern zutiefst unzufriedene Besitzerin des "Café de Paris" liebt nur ihren Papagei und ihre drei Dackel. Die dicklichen Tiere bewegen sich ungelenk, haben einen mürrischen Gesichtsausdruck, bellen böse jeden Schwarzen an, der hereinkommt, und ähneln so enorm ihrer Besitzerin.

Aus einem langsam vorbeifahrenden Kleinbus schaut eine junge Schwarze munter ins "Café de Paris" herüber; unsere Blicke begegnen sich, sie ruft: "He, Toubab, Reeperbahn!"

Der Bauchladenhändler bietet mir vom Bürgersteig her in das Café hinein eine Schachtel Marlboro an. Ich schaue zu ihm hinüber und schüttle deutlich den Kopf. Er steckt die Schachtel zurück, sucht aus der gleichen Reihe zögernd eine andere Marlboro-Schachtel heraus und hält sie mit der gleichen Geste erwartungsvoll zu mir hin. Würde ich rauchen, würde ich ihm die Schachtel abkaufen, die er speziell für mich ausgesucht hat.

"Messié! Cadeau!?" flüstern die Kinder durchs Terrassengitter. Schüttle ich den Kopf, versuchen sie es mit "Cent francs?", dann mit "Cinquante francs?", "Vingt francs?" Sie bleiben noch eine kurze Zeit stehen, geben mir die Gelegenheit, meine Meinung zu ändern und ziehen dann ab. Selbst am Strand gestern, mit nichts weiter als der Badehose bekleidet, werde ich von einem Jungen gefragt: "Messié, bonjour, cadeau?!" Ja woher soll ich denn ein cadeau nehmen? Oder erwartet er, dass ich ihm meine Badehose schenke?

Nach zwei Tagen in Dakar habe ich sechs Zettel mit Adressen neuer "Freunde" gesammelt. Die Gesichter zu den ersten Adressenzetteln sind schon vergessen. Wer ist Abibou Cann? Und wer M.Ibou Soumah, Tel. 211105 ?

Nadila

In der Kneipe "Nadila" sitzt ein Gast mit seinem Notebook unter dem TV-Gerät und schaut sich zusammen mit seinem Kumpel einen Film auf DVD an. Oben läuft ein senegalesischer Familienfilm, unten ein amerikanischer Thriller. Die nahen Filmbilder könnten unterschiedlicher nicht sein in Schnittfolge, Aktion und Dialogen.

Vorne hat das "Nadila" einen Schnellimbiss mit Shawarma, Pommes etc., man kann das dort Zubereitete auch drinnen essen, wo sich ein unterschiedliches Publikum trifft. Später am Abend sind die konsequenten Alkoholiker in der Überzahl; Bier und billiger Rotwein werden von Yacine über den Tresen gereicht. Der "beste Apotheker von Senegal" ist hier Stammgast, singt jeden Abend sein Loblied, bis die Artikulation ausfällt, und muss vom Kumpel nach Hause gebracht werden. Als einziges Lokal im Quartier "Parcelles Assainies 24", das Alkohol ausschenkt, macht "Nadila" gute Umsätze auch bei den Muslimen, die hier dem Laster Alkohol nachgehen können. Wo im Senegal bis spät in die Nacht Alkohol verkauft wird, ist meist auch die

Prostitution zu Hause. Im "Nadila" sitzt heute Mariama herum, hübsch, hoch gewachsen und muskulös wie eine Handballspielerin. Sie kommt mit diesem und jenem Gast ins Gespräch, verschwindet mal eine Zeitlang, taucht wieder auf. Als zu vorgerückter Stunde zwei Polizisten ins Lokal kommen und die Ausweise kontrollieren, hat Mariama es eilig, in den Hinterhof zu verschwinden, springt über eine Mauer und erscheint 30 Minuten später lachend durch den Vordereingang. Sie hatte keinen Ausweis dabei und befürchtete Schwierigkeiten. Einsame Trinker sitzen mit einer Flasche Rotwein minderer Qualität in einer Ecke und lassen sich still vollaufen. Daneben sind drei junge Männer lange beim ersten Bier in ein Gespräch vertieft, das gelegentlich durch lautes Lachen und freudiges Aufeinanderklatschen der offenen Handflächen unterbrochen wird. –

Bei den ersten zwei Besuchen tauche ich in die eigenartige, leicht anrüchige Atmosphäre im "Nadila" ein, beim dritten Besuch sehe ich deutlich die Trostlosigkeit des Ortes, die anstrengende Arbeit von Yacine, der Thekenkraft, die verlorenen Existenzen, die ihr Geld hier vertrinken. –

"On y va?" Mein Freund Cheikh, der mich begleitet und standhaft weder Alkohol noch Zigaretten anrührt, hat die Cola ausgetrunken. Yacine kassiert und wischt noch einmal mit dem schmierigen Lappen über den schmierigen Tresen. Wir machen uns auf den kurzen Heimweg durch das nächtliche Viertel zum Haus von Cheikh bei der "Ecole Dior".

Mamadou: Der Vogelhändler

Eines Tages war der Vogelhändler nicht mehr an seinem Platz am Point Ronde, wo ich gelegentlich einen Spatz für eine Münze aus dem engen Käfig genommen und in die Luft geworfen hatte. Meinen Wunsch trug das kleine Wesen mit sich in die Freiheit, um die ich den Vogel jedes Mal beneidete.

Nicht anders stellte ich mir das Glück vor, als so ins große Freie aufzusteigen und den eigenen Weg irgendwohin nehmen zu können. Der Vogelhändler fehlte mir; ich fragte den Schuhputzer nach ihm, der seinen Stand gleich daneben hatte. Der zuckte mit der Schulter, Abdullah sei seit zwei Tagen einfach nicht mehr gekommen. –

Mein täglicher Weg zum Büro hatte etwas verloren. Mit einem Anflug von Traurigkeit ging ich in den nächsten Tagen über den Platz. Manchmal spürte ich in meiner Hand das warme Zucken des kleinen Vogelkörpers, kurz bevor ich die Faust geöffnet hatte. Wie gerne war ich dem flatternden Glücksbringer bei seinem Aufstieg mit den Augen gefolgt. –

Einige Tage später winkte mich der Schuhputzer zu sich. Er habe gehört, Abdullah, der Vogelhändler, sei der Einladung eines Onkels nach Europa gefolgt, das hätten ihm Freunde Abdullahs gesagt, aber ganz sicher sei das nicht. Von einem anderen Freund habe er gehört, Abdullah sei nach Tambacounda zu seiner kranken Mutter gefahren.

Nach Europa, dachte ich sehnsüchtig, während ich die immer gleichen Schreibarbeiten in meinem engen Bürozimmer lustlos erledigte. Warum hatte ich keinen Onkel in Europa oder Amerika? Die gesichtslosen Tage reihten sich zu Wochen und Monaten, bis eines Tages der Vogelhändler wieder am alten Platz neben dem Schuhputzer stand mit dem Käfig voller flatternder kleiner Vögel.

Ja, es war Abdullah mit seinem blau-weißen, verschlissenen Hemd, er sah angestrengt und müde aus. Ich wollte auf ihn zugehen, als mein Blick noch einmal auf die eingesperrten Tiere fiel. Ein verdreckter enger Drahtkäfig, in dem zu viele ängstliche Tiere aufgeregt hin und her hüpften, sich gegenseitig mit den Schnäbeln hackten, sodass das Gefieder einiger von ihnen schon arg zerrupft ausschaute. Und ich sah, wie sie alle nur darauf warteten, dorthin zu fliegen, wo sie am Abend wieder eingefangen wurden. Ich konnte Abdullah nicht ins Gesicht sehen; grußlos setzte ich meinen Weg fort.

Unterwegs

"I think that any foreigner who has lived in or really traveled in West Africa (as opposed to someone who visits in a tour group or comes here on business and leaves with only the five-star experience) will tell you that the long-distance or bush taxi (taxi brousse in French) is the world's worst way of getting around. Designed by no other than Satan himself, it is surely the least comfortable, the most unsafe and probably the least reliable mode of transportation imaginable. It is also about the most interesting." Michael Agelasto

Pompiers

Es ist das fünfte oder sechste Mal, dass ich von dem scheinbar völlig unübersichtlichen zentralen Taxiplatz in Dakar aus ins Landesinnere starte; wollte ich sonst meist so schnell wie möglich einen Wagen finden und abfahren, lasse ich mir an diesem Morgen Zeit und beobachte das geschäftige Treiben auf dem Gelände. Schon beim Eingang zum "Pompiers", wie der Platz wegen seiner Nähe zur Feuerwache genannt wird, erwartet mich der erste der vielen Helfer. "Wohin? Wohin?" Ich nenne das Ziel, und schon hat er meine Tasche in der Hand und lotst mich durch die Menge irgendwohin, wo die Wagen zu meinem Zielort stehen. Dort werde ich an den nächsten in der Helferreihe übergeben. Dieser will mich dann so, wie es für ihn am vorteilhaftesten ist, einer der Wagengruppen zuteilen, ich möchte aber im siebensitzigen Peugeot, dem Septplace, reisen. Kein Problem für ihn, schon bin ich einem der wartenden, ziemlich heruntergekommenen 504 zugewiesen. Diese sind etwas teurer, haben aber den Vorteil, dass sie schneller fahren, nicht überall halten und vom Sitzkomfort her angenehmer sind. Hier will mich der nächste Beteiligte, der Hauptorganisator, als fünften Fahrgast auf die Rückbank setzen. Doch wieder habe ich Einwände, verweise auf meine Körpergröße, mit der ich auf der etwas erhöhten hinteren Bank im Septplace bei einer längeren Fahrt arge Probleme bekomme. Da die anderen Plätze vergeben sind, kommt also dieser Wagen nicht in Frage. Nebenan steht ein weiterer 504, leider ist der begehrte Beifahrerplatz schon belegt, nur die Mittelbank ist ganz leer und ich stimme zu, mit diesem Wagen zu fahren. Das bedeutet eine längere Wartezeit, aber die verbringe ich heute gerne hier. Der Organisator bekommt den Fahrpreis plus den Aufschlag für das Gepäck, bei dem der weiße Reisende meistens etwas übervorteilt wird, und ich sehe der Wartezeit erfreut entgegen. Doch bevor ich diese genießen kann, zupft mich der Vororganisator am Ärmel, hinter ihm steht der Taschenträger, und ich gebe ihnen eine kleine Summe, zu wenig, wie die Miene ausdrückt und wie er mir vorhält. Mehr gibt's aber nicht, denn zu wenig ist es immer, und wir hatten für diese kleine Dienstleistung nichts weiter ausgemacht.

In der folgenden Wartezeit könnte ich hier alles kaufen, was man für eine Reise braucht, und auch alles, was man auf Reisen nicht braucht, nicht nur Lebensmittel – Bananen, Brot, gekochte Eier, Wasser, Kuchen etc. – auch Sonnenbrillen, Plastikspielzeug, Tempotücher, Taschenlampen, Zahnbürsten und -pasta, Sonnenbrillen, Kleider, Uhren, Kappen, Radios – falls es mir langweilig werden sollte –, Wasser in Plastiktütchen und wieder Sonnenbrillen und Bananen und Batterien, dazwischen mal ein gusseisernes Bügeleisen und ein Bügelbrett – zwei ideale Reisebegleiter – und Handys, DVDs, Boxershorts, Hühner ..., ich schaue nicht mehr hin, bis der Bananenmann zum vierten Male kommt und ich eine der kleinen Früchte skeptisch in die Hand nehme. Ich wecke Erwartungen, wie ich im Blick des Mannes sehe, als ich die Banane herumdrehe, zurücklege, eine andere nehme, daran rieche, in der Hand wiege, zurücklege. Wieviel die Banane denn kosten solle? frage ich mit uninteressiertem Ton. Drei Stück für 200 CFA, das ist o.k., außerdem hat das Obst meist Festpreise, da lohnt kein Handeln. Gemächlich suche ich drei der runzeligen Teile zusammen, als käme es wirklich darauf an, als könnte ich wirklich wichtige Unterschiede erkennen und als gäbe es die in diesem spärlichen Angebot von einem Dutzend gleich aussehender Früchte, einfach weil es Spaß macht und die einheimischen Käufer es ähnlich machen und die Wartezeit sich gut mit solchen Ritualen füllen lässt.

Hinter meinem Rücken haben sich inzwischen drei weitere Fahrgäste eingefunden, der sechste lässt auf sich warten, und nach der zweiten Banane habe ich Zeit für einen kleinen Nescafé am Caféwägelchen, mit dem sich ein junger Mann sein Geld verdient. Der blinde Bettler kommt zum dritten Mal vorbei, geführt von einem Jungen, der eigentlich um diese Zeit in der Schule sein sollte. Einen Suren-Singsang leiert der Alte mit lustiger Wollmütze in meine Richtung, und mit einigen kleinen

Münzen zahle ich fürs Aufhören und habe die heutige gute Tat vollbracht.

Dreck liegt überall auf dem riesigen Taxiplatz herum, dazwischen schillern Ölspuren und Wasserlachen. Ich schlendere vorsichtig zurück zu meinem Taxi, wo sich inzwischen eine korpulente Mama mit Kind eingefunden hat. Bald wird es losgehen. Der Bananenverkäufer kommt wieder, grinst mich an, gute Kunden muss man bei Laune halten, ich mache eine freundlich verneinende Kopfbewegung.

Wer ist wohl der Chauffeur? Das lässt sich meist nicht genau erkennen. Chauffeur ist, wer sich im Moment der Abfahrt auf den Fahrersitz setzt, und das ist auf den größeren Busplätzen nicht der, dem man das Fahrgeld bezahlt oder der das Gepäck aufgeladen oder sich am Wagen zu schaffen gemacht hat. Ich suche mir einen aus der Gruppe der maßgeblich erscheinenden Männer aus, der sympathisch und seriös erscheint, und wünsche ihn mir als Fahrer. Vom Fahrvermögen des Chauffeurs hängt es in den nächsten Stunden ab, ob es eine relativ entspannte Tour wird oder ob die Fahrgäste besorgt sein müssen, heil ans Ziel zu kommen. Als nach 20 Minuten ein zögerlicher junger Mann mit Aktentasche erscheint und als siebter Fahrgast die Fuhre vervollständigt, ist es ein anderer als der gewünschte Mann, der nun das Steuer übernimmt und sich mit Hilfe seiner Hupe und eines wegbahnenden Kollegen langsam durch das Gewühl in Richtung Ausfahrt durchwuselt. Bevor es aber losgeht, muss noch getankt werden, dafür war ja vorher keine Zeit ...

Und dann geht es wirklich los, noch nicht zügig, das lässt die Straßensituation in Dakar längere Zeit nicht zu, aber in kontinuierlicher Staufahrt; es gibt was zu sehen, und ich freue mich, für zwei Stunden, vielleicht aber auch viel länger, in dieser Fahrgemeinschaft mit mir unbekannten Menschen unterwegs sein zu können.

Unterwegs I

Volle Buschtaxis gibt es nicht. Es passen immer noch zwei, drei Passagiere in den rappelvollen Car* hinein. Auch die nächsten zwei. Mein westlicher Blick findet zwar absolut keinen freien Sitzplatz mehr – denn die Fahrgäste müssen einen Sitzplatz haben, so will es die Beförderungsregel –, doch der vage deutenden Hand des Apprenti, des Fahrtbegleiters, folgend, findet sich zwischen zwei etwas nach links und rechts ruckenden Einheimischen nicht wirklich ein Platz, aber eine unbequeme Sitzmöglichkeit. Eine Körpernähe wie in den öffentlichen Verkehrsmitteln in Westafrika ist bei uns selbst in voll besetzten Bussen und Bahnen nicht erlebbar. Es ist eine spezielle Sitztechnik nötig, um z. B. eine Bank für drei Personen mit fünfen besetzen zu können: Hüften hinten, Hüften vorne, Hüften hinten, Hüften vorne, Hüften hinten, dann finden alle Platz.

Genausowenig wie der Chauffeur das Wort "voll" zu kennen scheint, kennt er einen anderen Grund anzuhalten, als Passagiere aufzunehmen oder zu tanken. Er scheint panische Angst vorm Halten zu haben; und selbst mit der Geschwindigkeit herunterzugehen ist wie Ehrverlust und nur in Notfällen zulässig.

Um die Ehre scheint es auch zu gehen, wenn sich Tiere auf der Fahrbahn befinden; ihnen auszuweichen oder das Tempo zu drosseln ist unter der Würde der Fahrer. Ein leicht desorientierter Esel wurde als Opfer dieser Fahrerehre in den Graben geschleudert. Der Chauffeur stieg kurz aus, schaute nach Schäden an der Wagenfront, stieg ein und gab Gas; den Motor hatte er erst gar nicht abgestellt.

Ein etwa 12jähriges Mädchen hatte nicht mehr einhalten können und in den Wagen gepinkelt. Ihr Vater hatte mehrfach in Richtung Chauffeur etwas gesagt, was wie eine Halteaufforderung klang. Da dies aber nur aus den gerade genannten

Gründen möglich ist, blieb dem Mädchen die Peinlichkeit nicht erspart, über die es Tränen vergoss. Der kleinere Bruder hatte es einfacher; er wurde nach hinten durchgereicht und konnte aus der offenen Tür des fahrenden Busses hinauspinkeln.

Bewundernswert sind die Apprentis, die Fahrgeldeintreiber, deren Platz während der Fahrt außen am Wagenende oder stehend in der offenen Tür ist. Nur zum Fahrgeldkassieren befinden sie sich im Wagen. Das Geld aus den letzten zwei Reihen entgegenzunehmen, ist kein Problem, doch dann reicht auch der lange Arm des Gehilfen nicht mehr, und die Geldscheine und Münzen wandern durch die Hände der Reisenden von vorne nach hinten und umgekehrt. Die Reise-strecken und -kosten sind unterschiedlich, Scheine müssen gewechselt werden, die Bezahlungen erfolgen nicht der Reihe nach, zwischendurch kommen neue Fahrgäste hinzu ... Dass der Apprenti hierbei den Überblick behalten kann, ist eine enorme Leistung. Manchmal geht ihm das Wechselgeld aus, er vergisst aber nicht – oder höchstens absichtlich –, dass er dies noch zu zahlen hat. Das Ganze geschieht während voller Fahrt und stehend, und an den Haltepunkten springt der Begleiter ab, ruft das Fahrziel aus, holt Gepäck vom Dach oder zurrt weiteres dort fest. Weiterfahrt- und Haltesignale werden durch rhythmische Klopfzeichen mit einer Münze auf das Blech der Karosserie gegeben. Das funktioniert aber nicht immer; der Fahrer hat seine eigenen Vorstellungen, die mit denen des Begleiters manchmal nicht übereinstimmen. Warum er für die einen Fahrgäste hält, andere am Straßenrand stehen lässt, konnte ich mir nie erklären.

Über den Zustand der Fahrzeuge darf man als europäischer Autofahrer nicht nachdenken, ja man sollte genaue Blicke auf die technische Ausstattung besser ganz vermeiden. Fehlende

Türgriffe und leere Fensteröffnungen sind normal; Löcher im Boden, im Seitenblech ebenfalls. Blinker und Licht sind Luxus und funktionieren, wenn überhaupt, an ein oder zwei Autoecken, nie an allen vier Stellen, an denen sie angebracht sind bzw. waren. Zum Anfahren werden oft Anschiebehelfer gebraucht, funktionsfähige Armaturen sind überflüssig, nur das Radio oder ein Musikgerät müssen funktionieren. Religiös eingestellten Fahrern gelingt eine Art Gehirnwäsche mit dem stundenlangen eintönigen islamischen Gesang aus selbstgebastelten, scheppernden Lautsprechern.

Einmal war ich voller Respekt für einen Fahrer, der die wenigen Stopps jedes Mal sehr vorsichtig durchführte und den Wagen sanft, fast elegant zum Auslaufen brachte. Als er an einem Kontrollpunkt unvorhergesehen herausgewinkt und zum Halten gezwungen wurde, stellte sich heraus, dass die Bremsen nicht funktionierten. Der Beamte musste zur Seite springen, um von dem bremsenlosen Buschtaxi nicht überrollt zu werden. Aber, so verteidigte sich der Fahrer im folgenden Disput, er sei ja gerade auf dem Weg zur Werkstatt ...

Wenn der Fahrer den "code de la route" kennt, wird er wegen solcher Kleinigkeiten wie defekter Bremsen nicht damit rechnen, die Fahrt unterbrechen oder gar beenden zu müssen. Mit der wenig präsenten Verkehrspolizei lassen sich Unregelmäßigkeiten auf die westafrikanische Art beilegen:

"Wir wurden von einem Polizisten angehalten, der uns aufforderte, auf den Seitenstreifen zu fahren. Nachdem er Führerschein und Versicherungsnachweis kontrolliert hatte, die beide in Ordnung waren, bat er den Fahrer, ihm den Feuerlöscher zu zeigen. Auf die negative Antwort hin begann der Polizist ohne weitere Erklärungen einen Strafzettel auszufüllen, wobei er sich etwas vom Fahrzeug entfernte. Der Chauffeur

reagierte nicht darauf, was einige Fahrgäste erstaunte. "Bist du ein Chauffeur oder was? Du hast keine Ahnung, ein richtiger Chauffeur hätte das Problem längst gelöst!"
Der Polizist hatte inzwischen weitere vorbeifahrende Wagen kontrolliert. Endlich bequemte sich der Chauffeur zu ihm zu gehen, nachdem er uns gebeten hatte, einen 5000 CFA-Schein zu wechseln, denn er wollte dem Polizisten nicht mehr als 500 CFA geben. Beim Aussteigen meinte er enttäuscht: "Die Polizisten von Tivaouane lieben das Geld zu sehr!" Eine Frau, die allmählich ungeduldig wurde, meinte "Nun mach ihm schon den Beutel nass!" – ein Ausdruck, der das Schmiergeldzahlen bezeichnet. Der Chauffeur kannte die Regeln der Straße tatsächlich nicht und versuchte vergeblich, die 500 CFA an den Mann zu bringen. Der Polizist befand sich noch in unserem Blickfeld und ging nun etwas hinter den Wagen. Der Fahrer drängte ihm weiter das Geld auf, und endlich nahm der Polizist es an. Die Fahrgäste ärgerten sich mehr über die Verzögerung als über das Verhalten des Polizisten und gaben dem Fahrer gute Ratschläge wie z. B.: Man muss immer aktiv werden, bevor der Polizist beginnt den Strafzettel auszufüllen, und man muss ihm das Geld immer ganz heimlich geben ..." [1]

Die Fahrer sind zwar ab den 90er Jahren verpflichtet, eine Führerscheinprüfung mit theoretischer und praktischer Prüfung zu machen; ob diese auch die Kenntnis der bei zunehmendem Verkehr im Lande wichtiger werdenden Straßenverkehrsordnung bedeutet, ist allerdings nicht sicher. Die auf allen Ebenen gegenwärtige Korruption im Senegal erlaubt es, die Prüfung auch ohne Kenntnisse zu bestehen.

"Eine Fahrschule in Ziguinchor bietet eine Ausbildung für 130.000 CFA an, darin 100.000 für den Fahrunterricht und

30.000 für den Kurs in Straßenverkehrsordnung. Die Fahrschule schlägt eine Zusatzsumme von 15.000 bis 20.000 CFA vor, die den Prüfern übergeben wird. Ein Mitarbeiter der Fahrschule sagt: "Die einzige Aufgabe für den Kandidaten besteht darin, am Tag der Prüfung anwesend zu sein und sich der Prozedur zu unterziehen wie alle anderen. Wie auch das Ergebnis ausfallen wird, der Kandidat wird seinen Führerschein erhalten, weil sein Name schon an den Prüfer weitergegeben wurde." Diese Praktiken sind mehr und mehr üblich, sie sichern den Fahrschulen gute Ergebnisse in einem Verfahren, bei dem sonst der Erfolg eher zufällig ist." [2] –

Am liebsten fahre ich mit den alten Peugeots 504, die lange das Fahrzeug Nr. 1 in Westafrika waren und nun allmählich aussterben. Die sieben Sitzplätze sind unterschiedlich beschaffen, ich bevorzuge den Beifahrerplatz mit viel Beinfreiheit, wie andere Reisende auch, und so ist er meist zuerst vergeben. Ein zufällig am Busbahnhof getroffener deutscher Landsmann, der in dieselbe Richtung wie ich unterwegs war, zeigte ein tiefes Misstrauen gegen die Sicherheit der Fahrzeuge und das Fahrvermögen der Chauffeure. Er nehme nie den Beifahrersitz, da die Überlebenschancen dort viel geringer seien als in der zweiten Reihe. Statistisch gesehen mag das zutreffen, und es steigert durchaus nicht das Sicherheitsgefühl, wenn man gezwungenermaßen auf die wenigen funktionierenden Armaturen schauen muss, mit denen der Fahrer auskommt, praktisch aber ist der Beifahrersitz der einzige im Peugeot 504, auf dem sich relativ bequem lange Fahrten überstehen lassen.

Darum ist er bei Überlandfahrten mein Platz der ersten Wahl, und ich warte gerne etwas länger, um neben dem Chauffeur sitzend durchs Land reisen zu können. Sicher, es stört der große Kanister im Fußraum, aus dem alle 20 km Öl in den Motor nachgefüllt werden muss, es stört die bei jedem kräftigen Ruck auf meine Knie fallende Klappe des Handschuhfaches. Dafür habe ich einen freien Blick auf die Landschaft, weniger durch die gesprungene, teils überklebte und mit Amuletten des Nationalheiligen Amadou Bamba verhängte Windschutzscheibe als durch mein Seitenfenster. Dessen Drehgriff sehe ich, immer wenn die Klappe auf meine Knie fällt, gebrauchsbereit im Handschuhfach liegen. So kann ich, wenn ich will, das Fenster etwas herunterdrehen und Fahrtwind hereinlassen. Das lasse ich aber lieber, da die Tür nicht so gut schließt und bei dem Druck des Drehgriffes vielleicht aufspringen könnte. Ich kann meine Sitzposition nach links und rechts ungehindert leicht verändern, habe Platz für eine Variation der Beinhaltung, ja meist ist sogar noch eine Ecke im Fußraum frei für meinen kleinen Rucksack, aus dem ich gelegentlich die Wasserflasche, eine Banane oder ein Erdnusspäckchen nehmen kann. All das ist in der zweiten und erst recht in der letzten Reihe schwierig bis unmöglich. Ein Griff in die Hosentasche wird schon in der Mittelreihe zum akrobatischen Akt. Die letzte Reihe im Septplace ist wegen der etwas erhöhten Sitzbank für größere Mitfahrer fürchterlich unbequem. Ich kann dort nur mit ständig gebeugtem Kopf sitzen, was anstrengend ist und nach kurzer Zeit eine irgendwie deprimierende Wirkung hat.

Auf der letzten Reise hatte ich, wider besseres Wissen, doch den Mittelplatz auf der Rückbank eingenommen, weil der Wagen gleich losfuhr und ich schnell weiter wollte. Die Strafe dafür bekam ich nach einer Stunde, als ich mich gerade der Fahrttrance überlassen und nicht mehr genau auf die Fahrbahn geachtet hatte. Der Chauffeur hatte ein erhebliches Schlagloch übersehen, der Wagen knallte durch die Vertiefung und ich mit dem Kopf ans Blechdach. Die Beule behielt ich einige Tage; ich nahm sie als Warnung meines Schutzengels: Nimm nie die letzte Reihe ...

(1) G. Blundo & J.P. Olivier de Sardan, La corruption au quotidien en Afrique de l'Ouest, Approche socio-anthropologique comparative: Bénin, Niger et Sénégal, Working Papers, Nr. 17, 2003, S. 207f Institut für Ethnologie und Afrikastudien, Johannes Gutenberg-Universität Mainz, Geschäftsführender Herausgeber/ Managing Editor: Thomas Bierschenk

(2) ebd. S.208f

Unterwegs II: Panne

Der Fahrer hatte die als Straße nicht mehr erkennbare Schlaglochhäufung zwischen der gambischen Grenzstation und der Fähre über den Gambia-Fluss schon kurz nach der Zollstation verlassen. Wie viele andere Wagen auch suchte er sich für die ca. 20 km lange Strecke eine passable Route im Aderwerk der breiten und schmalen Sandwege, die sich links und rechts neben der nahezu unbefahrbar gewordenen Straße hinzogen. Auf den Sandpisten ist ein langsames, kontinuierliches Vorankommen möglich, und der Chauffeur läuft nicht Gefahr, eines der mitunter tiefen Löcher zu übersehen und sich einen Achsenbruch einzuhandeln. Der Mann am Steuer schien sich auszukennen, er wechselte, als die erste Piste buckelig und unwegsam wurde, kurzerhand auf eine weitere, etwas schmalere, wo es zügig weiterging, allerdings nur zwei Minuten lang, bis mit einem kleinen Knall der Wagen zum Stehen kam. Es war leider keiner der Reifen, sondern das Kupplungsseil, das gerissen war, und bald war deutlich, dass mit dem bekannten Improvisationstalent der Senegalesen dem Schaden nicht beizukommen war. Der Fahrer machte sich auf den Weg zurück zur Grenzstation, um dort ein Ersatzseil zu besorgen, und die Passagiere suchten den Schatten eines nahen Baumes auf. Das verlief klaglos, ohne hörbaren Ärger, mit jener Mischung aus Gelassenheit, Fatalismus, Gleichgültigkeit, mit der Senegalesen oft belastenden Situationen oder auch Schicksalsschlägen begegnen. Während unserer Wartezeit kamen lediglich zwei andere Fahrzeuge vorbei, der Fahrer des einen hielt hilfsbereit an, konnte aber nichts tun.

Als unser Chauffeur nach einer guten Stunde zurückkam, hatte er nichts erreicht. Er und ein williger Mitfahrer machten sich daran, in einem zweiten Anlauf eine notdürftige Reparatur zu versuchen, die wenigstens bis zur Grenze halten sollte. Es wurde allmählich dämmerig, kein weiteres Auto kam vorbei. Die von unserem Fahrer gewählte Ersatzstrecke wurde wenig frequentiert, was sich nun als Nachteil herausstellte. Der Reparaturversuch blieb erfolglos, bald saß auch der Chauffeur im Sand und wartete auf ein Fahrzeug, das ihn nun zur Werkstatt an der Fähre mitnehmen sollte. Nach der Zahl der bisher vorbeigekommenen Wagen zu urteilen, konnte das lange dauern, und ob es dort einen Ersatz für das schadhafte Teil gab, blieb offen. Die Vorstellung drängte sich mir auf, bis in den Abend hinein zu warten, vielleicht die Nacht hier verbringen zu müssen, und das bewirkte, dass ich mich nicht länger dem Fatalismus überließ. Die Reisetasche konnte ich getrost auf dem Dach des Wagens lassen, ich nahm meinen kleinen Tagesrucksack mit den wesentlichen Dingen und machte mich auf, zurück zum gambischen Grenzposten. Eine halbe Stunde dauerte der Fußweg; ich wandte mich gleich an einen der Taxifahrer und erläuterte meine Fahrvorstellung: über die Piste zum Wagen, die Tasche aufladen und weiter zur Fähre. Er und seine zuhörenden Kollegen erfassten schnell, dass es sich quasi um eine Notsituation handelte, der Fahrpreis also entsprechend nach oben angepasst werden konnte. Wir kamen schließlich zu einer Einigung, fuhren zurück, und ich war froh, dass ich mir die beiden Abzweigungen gut gemerkt hatte. Unser Taxi stand so, wie ich es verlassen hatte, in der Abenddämmerung, das Grüppchen der Reisenden saß unter dem Baum, als würden sie sich das Nachtlager hier einrichten. Ich packte meine Tasche um, bot einem Paar, mit dem ich einige Sätze gewechselt hatte, an mitzufahren, der Chauffeur unseres defekten Wagens saß schon im neuen, und dann ging es weiter zur Fähre. Dort wünschte ich dem Chauffeur Glück bei der Ersatzteilsuche, kam mit dem nächsten Boot über den Fluss und beendete die Reise dieses Tages mit einer kurzen Taxifahrt zum Hotel im Grenzort Farafenni. Beim Abendessen, Hähnchen mit Pommes, stellte ich mir vor, wie es den Reisenden beim Pannenwagen nun wohl gehen würde. Wahrscheinlich würden sie tatsächlich die Nacht dort draußen verbringen, was nicht wirklich schlimm, aber äußerst unbequem war. Der Zeitverlust würde niemanden beunruhigen; ein, zwei Stunden mehr, ein halber oder ganzer Tag, das spielt im Senegal keine solche Rolle wie in Deutschland. Keiner der Mitfahrenden konnte oder wollte es sich leisten, den bezahlten Sitzplatz aufzugeben – denn Geld wird im Pannenfalle nicht zurückgegeben –, um einen anderen Wagen zu nehmen und die Reise fortzusetzen. Meiner privilegierten Situation dankbar bewusst, wünschte ich den zurückgelassenen Reisegefährten in Gedanken alles Gute und bestellte mir ein zweites Flag*.

Unterwegs nach Norden (über Farafenni)

Der Wecker klingelt um 5 Uhr, ich will sehr früh los heute, um sicher zu sein, eines der ersten Buschtaxis von Ziguinchor nach Kaolack zu bekommen. Die gesamt Strecke nach Diakhao werde ich kaum in einem Tag bewältigen können. Es ist der Tag vor Tabaski*, da ist halb Senegal unterwegs. Jedermann will zu seiner Familie, in sein Heimatdorf, um das Hammelfest im Kreis der Angehörigen zu verbringen. Die Wartezeit am Busbahnhof ist frühmorgens noch kurz, das Klima noch angenehm und das Abfahren in der Dämmerung hat seinen eigenen Reiz. Duschen und packen, die Alu-Flasche aus der Plastikflasche auffüllen, ein letzter prüfender Blick ins Hotelzimmer und schon bin ich auf der Treppe.

Der verschlafene alte Gardien an der Tür des Hotels schreckt hoch, grüßt und dann stehe ich auf der noch dunklen, menschenleeren Straße in Ziguinchor.

Heute haben die Schüler Ferien, die Büros sind geschlossen. Tabaski ähnelt unserem Weihnachtsfest, es gibt neue Kleider und Geschenke für die Familie. Auf den Dächern der Buschtaxis und Überlandbusse sind seit Tagen Ziegen und Schafe zu sehen, die Beine zusammengebunden, stecken sie meist in einem Plastiksack, damit ihr Urin nicht durch die undichten Dächer den Fahrgästen auf die Köpfe tropft. An allen Engstellen ist in diesen Tagen mit langen Wartezeiten zu rechnen, besonders an der Gambia-Fähre, mit der ich in den Norden-Senegal gelangen will. Die Morgendämmerung beginnt gerade, nur vereinzelt fahren Autos durch das Zentrum, der Weg zur Garage ist nicht weit, sodass ich nicht auf ein Taxi angewiesen bin. Außerdem ist es angenehm, in der frischen Morgenluft eine knappe halbe Stunde zu Fuß zu gehen, ohne von irgendwelchen Straßenhändlern angesprochen zu werden.

Ich bin etwa 200 m vom Hotel weg, als ich Schritte hinter mir höre. Jemand läuft in meine Richtung, hoffentlich keiner, der zu dieser frühen Stunde irgendetwas von mir will. Ich gehe noch etwas zügiger, biege bald ab und höre die Schritte hinter mir näher kommen. Nun vernehme ich auch das typische "SSS"-Zischen, das meint: "Hör mal, kuck mal, kauf mal!" Und wenig später das schon erwartete "Monsieur! Monsieur!" Da ich absolut keine Lust auf ein Gespräch habe, drehe ich mich nicht um, sondern lege, soweit es der Rucksack zulässt, noch etwas Tempo zu. Der Verfolger ist hartnäckig und wird mich auf der halbdunklen, menschenleeren Strecke neben der Erdnuss-Fabrik bald eingeholt haben. Innerlich nehme ich die "Hör nix, seh nix, kauf nix-Haltung" ein, oft das einzige Mittel, um mit aufdringlichen Händlern oder Jugendlichen klarzukommen. Diese Haltung, verbunden mit einer Art Tunnelblick, bei dem man Augenkontakt möglichst vermeidet, ist in Dakar das einzige Mittel, einigermaßen zügig zu Fuß durch die Innenstadt zu kommen. Eine anstrengende und mir im Grunde fremde Einstellung, aber sie funktioniert im Zentrum der Hauptstadt, wo alle 10 Meter ein geduldiger Senegalese ein Angebot für den Toubab bereithält. Augenkontakt ist hier der erste Schritt in die Kommunikation, er wird wie eine Einladung zum Gespräch verstanden, welches wiederum der erste Schritt in irgendeine Verkaufs- oder Verhandlungsgeschichte ist.

Die Schritte sind nun dicht hinter mir, ich gehe stur weiter, nun ist der Störenfried auch schon an meiner Seite: "Monsieur, s'il vous plaît!" Ich schaue den Mann nun doch an, es ist der alte Nachtportier vom Hotel, außer Atem hält er mir eine halbvolle Wasserflasche entgegen. "Vous avez oublié votre bouteille d'eau!"

Ich schaue auf die Flasche, dann dem Mann ins Gesicht, meine Genervtheit vergeht im selben Moment, weicht einer leichten

Beschämung. Er hat mir tatsächlich die für mich überflüssige halbleere Wasserflasche nachgetragen. Ich danke ihm für seine Mühe, überlasse ihm die Flasche und gebe ihm ein Trinkgeld.

Am Busbahnhof stellt sich heraus, dass ich etwas zu spät bin, die Septplaces nach Kaolack sind gerade abgefahren. Aber ein Mini-Bus* ist mehr als halbvoll und wird wohl bald starten; ich entscheide mich für die etwas unbequemere Fahrt mit diesem Gefährt, in dem etwa 18 Personen Platz finden. Mein Gepäck wird auf dem Dach verzurrt, mit dem Tagesrucksack reserviere ich meinen Sitzplatz und schlendere über das Gelände, um noch einige Bananen für unterwegs zu kaufen. Das Warten auf die weiteren Fahrgäste dauert doch länger, erst nach knapp einer Stunde ist der Bus so voll, dass der Fahrer starten kann. Die letzten beiden Fahrgäste sind zwei junge Männer, die erst nach einer intensiven Diskussion mit dem Fahrer einsteigen. Sie wollen nur bis zur Fähre mitfahren und verhandeln um einen entsprechend niedrigeren Fahrpreis. Das ist ungewöhnlich, da die Fahrten nach Nord-Senegal über den Fluss führen und Gambia nur Durchgangszone ist.

Die beiden müssen den vollen Preis bis Kaolack bezahlen und quetschen sich auf die hinterste Sitzbank. Als es dann endlich losgeht, geht es, wie oft, noch nicht wirklich los. Der Fahrer muss noch tanken, fährt eine Runde durch die Stadt, um irgendwo zwei große Säcke, woanders einen Hammel aufzuladen, hält am Stadtrand noch mal an und holt aus einem Häuschen den allerletzten Fahrgast. Dann geht es mit mäßiger Geschwindigkeit wirklich los, mehr lässt das überladene Fahrzeug nicht zu. Ich versuche ungefähr die Fahrtdauer zu schätzen und glaube, dass ich am frühen Abend am Ziel sein kann, weiß aber um die Unberechenbarkeit solcher Fahrzeiten. Die schmale, harte Sitzbank ist unbequem, für einen Wechsel der Sitzposition ist kaum Platz, ich sitze eingeklemmt zwischen einem älteren Senegalesen, der versunken dem Radio lauscht, das er während der Fahrt ununterbrochen ans Ohr hält, und einer Mama mit einem etwa vierjährigen Mädchen. Das steht mal zwischen den Beinen der Mutter, mal sitzt es auf ihrem Schoß, hat jedenfalls keinen eigenen Sitzplatz und erträgt diese unbequeme lange Reise ernst und fast klaglos.

Am Grenzübergang zu Gambia erfolgt die übliche Formalprozedur, wobei die gambischen Zollbeamten vom weißen Reisenden meist eine Sondergebühr einfordern, die sie sich in die eigene Tasche stecken. Seitdem ich weiß, dass sie dafür bei deutschen Reisenden keine gesetzliche Grundlage haben, habe ich die Forderung einige Male erfolgreich zurückgewiesen, aber das ist etwas anstrengend, verzögert den Ablauf und hat bei einem schlecht gelaunten Zöllner auch schon mal Ärger und noch längeres Warten verursacht. Das will ich mir und den anderen Fahrgästen im Bus heute nicht zumuten und spare mir den Hinweis, dass es ein Abkommen zwichen Gambia und Deutschland gibt, wonach Gambia auf Visa und Grenzgebühren verzichtet. Hinter der gambischen Grenze wird der Straßenzustand katastrophal. Was früher mal eine Asphaltfahrbahn war, ist als solche kaum noch zu erkennen, Schlaglöcher und Ausfransungen haben den Belag zu mehr als der Hälfte verschwinden lassen. Alle Fahrzeuge fahren langsam, machen bis auf die Gegenfahrbahn große Bögen um die Vertiefungen. Oft ist es besser, sandige Nebenrouten zu benutzen, wo es sich zügiger fahren lässt. Kurz nach Mittag kündigen wartende LKWs am Straßenrand die nahe Fähre an, aber so nah ist sie gar nicht. Ich bin entsetzt, als wir nach fast zwei Kilometern LKW-Schlange am Ende der Bus- und PKW-Wartereihe ankommen und ein Blick auf die Anlegestelle immer noch nicht möglich ist. Die beiden letzten Fahrgäste sind zuerst draußen und versuchen, sich einen Überblick über die Länge der Wartereihe zu verschaffen, im Bus beginnen Vermutungen über die Zeitdauer bis zum Übersetzen. Auch wenn keine der beiden eingesetzten Fähren außer Betrieb ist, wird die Wartezeit sicherlich Stunden betragen. Mehrere Fahrgäste sind der Meinung, dass wir an dieser Flussseite müssen. Die Senegalesen nehmen die Situation erstaunlich gelassen hin. Hier die Nacht zu verbringen, muss grässlich ein, ein unbesiedeltes, morastiges Gelände vor dem Strom, voller Mücken, keine Gelegenheit sich hinzulegen, ganz zu schweigen von einer Übernachtung im Bus. Man ist ausgestiegen, vertritt sich die Beine, kommt ins Gespräch; die beiden jungen Männer kommen zurück, berichten, die Schlange sei etwa einen Kilometer lang. Sie diskutieren kurz mit dem Fahrer, nehmen ihr geringes Gepäck und wollen das Buschtaxi verlassen. Sie machen einen zielgerichteten, energischen Eindruck und scheinen eine Alternative zum Warten im Bus gefunden zu haben. Ich spreche sie schnell an, und einer der beiden gibt sich überzeugt, dass unser Bus nicht vor dem späten Abend an der Reihe sein werde. Er habe das erwartet, wollte sowieso nur bis hierher, gehe nun als Fußgänger zur Fähre, da gebe es keine Wartezeit, und auf der anderen Seite finde man ein Taxi bis zur Grenze und dann sicher einen Kleinbus, der weiterfährt. Ein guter Plan! Ich bin beeindruckt von der Klarheit des jungen Mannes; ich lasse mir das Gepäck vom Dach herunterreichen und gehe den beiden nach, die schnellen Schrittes Richtung Anlegestelle eilen. Die Warteschlange der Fahrzeuge ist unglaublich lang, sicher mehr als einen Kilometer; am Anleger angekommen, bin auch ich überzeugt, dass unser zurückgelassener Kleinbus nicht vor dem Abend mit der Überfahrt rechnen kann. Wir kommen gerade noch auf die abfahrbereite Fähre und sind in 20 Minuten auf der anderen Seite. Ich bin heilfroh, die beiden getroffen zu haben, die etwas für senegalesische Verhältnisse untypisch Bestimmtes, extrovertiert Selbstbewusstes an sich haben, besonders Sharif, der redegewandtere, der mir am Busbahnhof in Ziguinchor schon bei seiner Verhandlung mit dem Chauffeur aufgefallen war.

Ein Taxi zur Grenze steht bereit, Sharif handelt einen guten Fahrpreis aus. An der Grenze müssen wir warten, für einige Minuten steht alles still, ein bizarres Ritual spielt sich ab: Postenwechsel vor dem Fahnenmast. Mit einem übertriebenen Stechschritt und unter unverständlichem Gebrüll kommen vier sehr unterschiedlich große Soldaten zur Fahne gelaufen, machen einige groteske Rechts-Links-Bewegungen, dann grußartige Gesten in Richtung Fahne und verschwinden wieder mit dem gleichen lächerlichen Schritt. Mühsam muss ich mein Lachen zurückhalten, während alle Umstehenden mit ernsten Mienen dieser Karikatur eines Wachwechsels zuschauen, der wie die schlechte Laienaufführung einer unverstandenen Filmsequenz anmutet.

Auch am kleinen Busbahnhof hinter der Grenze zeigt Sharif beim Bezahlen des Fahrpreises, dass er sich auskennt und keinen Franc mehr als üblich zahlen will. Von seiner Correctness profitiere auch ich. Im Bus kommen wir dann ins Gespräch. Sharif ist Lehrer an einer islamischen Schule in Bignona, er reist nach Kaolack, um mit seiner Familie das Tabaskifest zu verbringen. Über die erhöhten Fahrpreise, die lästigen Verhandlungsgespräche ärgert er sich. Es sei wichtig, sich an die üblichen Regeln zu halten und nicht aus jeder Situation den höchsten Profit für sich herausholen zu wollen. Ich frage Sharif nach seiner Tätigkeit als Lehrer und schnell kommt das Gespräch auf das Thema Religion, auf die Rolle des Islam und den Koran. Sharif spricht engagiert und etwas schnell, mein Französisch ist nicht gut genug, um alles, was er mitteilt, erfassen zu können. Er ist der Ansicht, dass der Islam die senegalesische Gesellschaft zusammenhalte, dass es wichtig sei, den Menschen die religiösen Grundlagen, die auch die Grundlagen des Zusammenlebens darstellen, früh zu vermitteln. Er spricht entschieden, ja apodiktisch, ein unangenehmer Nachdruck liegt in seinen Äußerungen, der durch seinen fixierenden Blick verstärkt wird. Im Gespräch muss ich zugeben, vom Koran nicht viel zu wissen. Sharif meint, das sei schade, da in ihm alles für das menschliche Leben Wichtige ausgesagt sei, ich solle den Koran doch mal genauer lesen. Als ich ihm dies verspreche, erhalte ich einige Sätze später die Einladung, diesen Abend und das Tabaskifest doch mit ihm und seiner Familie zu verbringen. Das finde ich ausgesprochen nett, aber da ich zum einen schon verabredet bin und zum anderen auch die Befürchtung habe, dass sich die proselytenmacherischen Gespräche fortsetzen werden, bedanke ich mich freundlich, auch für seine Hilfe auf der Reise. Am Busbahnhof in Kaolack verabschieden wir uns; es ist fast 23.00 Uhr. Ich finde ein Zimmer in der "Wolof Inn" am Stadtrand von Kaolack und werde den Rest der Strecke nach Diakhao morgen ausgeruht hinter mich bringen.

Unterwegs nach Norden (über Banjul)

Um 7.00 Uhr war ich am kleinen Gare Routière von Abéné, um früh einen Wagen nach Brikama zu bekommen. Heute sollte es aus der nördlichen Casamance nach Ndangane im Sine-Saloum-Gebiet gehen, wo ich meinen Freund Dieter besuchen wollte. Für diese lange Tour mit zwei Grenzübergängen und mehreren Wagenwechseln war ein früher Start angemessen. 7.00 Uhr war jedoch heute zu früh: Der Car* wurde und wurde nicht voll, erst gegen 9.30 Uhr konnte es losgehen – zu meiner Überraschung nicht über die offizielle Route Diouloulou/Seleti mit den beiden Grenzposten, sondern direkt über die "grüne Grenze". Diese Strecke zu fahren, ist ein Erlebnis; die Landschaftseindrücke sind stark; mal fährt man durch dichten Busch, mal durch flussnahes Flachland mit Reisanbau, mal durch kleine Ortschaften. Die sandige Piste ist kurvig und ausgewaschen, und mitunter ist es besser, den Ellenbogen aus dem offenen Fenster ins Wageninnere zu nehmen, da Busch und Blattwerk in den Fahrweg hineinragen.

Als direkte Verbindung zwischen Brikama und Abéné ist der Weg zwar kürzer und verlangt keinen Wagenwechsel, der holprige Buschpfad lässt jedoch meist keine Geschwindigkeit über 40 km/h zu, sodass es zeitlich fast auf das gleiche hinausläuft. Die Busfahrt über die "grüne Grenze" hat aber einen Nachteil, von dem ich in den 90er Jahren als damals noch unbedarfter Toubab unangenehm überrascht wurde.

Es war das erste Mal, dass ich in Brikama ein Fahrzeug nach Abéné bzw. Kafountine suchte und an die entsprechende Stelle im Gare Routière verwiesen wurde, wo der Car schon wartete. Ich wusste damals nichts von zwei möglichen Strecken und freute mich über die spannende Fahrt durch den Busch. Ich dachte mir auch weiter nichts dabei, als an der Grenze der gambische Zollbeamte den Stempel in den Pass drückte, aber ein senegalesischer Kollege einige Meter weiter fehlte. Einen senegalesischen Grenzposten gibt es an dieser Stelle nicht, also auch keinen Einreisestempel. Als das Buschtaxi später auf senegalesischem Gebiet auf die Teerstraße fuhr, wurde der Wagen nach 100 Metern von einem Militärposten angehalten. Ein hochgewachsener Wolof* mit umgehängter Maschinen-pistole ging den Wagen entlang und winkte mich und einen weiteren weißen Fahrgast heraus. Wir wurden zum Straßenrand geführt, wo unter einem Baum ein beleibter Beamter im Schatten saß, ein Tischchen vor sich, was gleich ungute Gefühle bei mir aufkommen ließ. Er verlangte die Pässe, wusste sicher, dass der Einreisestempel fehlte, da er das Einbiegen des Wagens von der zur Grenze führenden "illegalen" Strecke auf die 'goudronnée' von seinem Sitzplatz aus genau hatte wahrnehmen können. Er machte uns auf das Fehlen der Stempel aufmerksam, das sei ein Vergehen und koste für jeden von uns 3000 CFA. Damals noch unvertraut im Umgehen mit der Polizisten und Zollbeamten und zudem keiner Schuld bewusst, wollte ich diskutieren, wollte erklären, dass ich doch nur einen Wagen von Brikama nach Kafountine genommen hätte, ohne zu wissen, welche Strecke der fahren und welche Folgen das haben könnte. Das kam aber schlecht an, von Erklärungen hielt der Mann im bestickten Boubou hinter dem kleinen Tisch nicht viel und wurde im Ton etwas schärfer.

Wir seien illegal im Senegal, er würde uns für 3000 CFA ausnahmsweise weiterfahren lassen und wir sollen uns den Stempel morgen in Seleti holen. Noch immer wollte ich diskutieren und die vorgeschlagene einheimische Regelung nicht ohne weiteres akzeptieren. Ich meinte sogar noch, über die Summe verhandeln zu können.

Ich könne ja nach Seleti fahren, den Stempel holen, meinte mein Gegenüber, und ich solle nicht meinen, dass es ihm ums Geld gehe, davon habe er genug. Sprachs und zog ein dickes Bündel CFA-Scheine aus dem Boubou, das er vor meiner Nase mehrfach durchblätterte. Ob nicht auch 2000 CFA ...? versuchte ich es stur noch einmal.

Nein, nein, nun sei es genug, er wolle kein Geld mehr, ich solle mit dem nächsten Wagen nach Seleti fahren und den Nachweis der legalen Einreise nachholen. Mit einer autoritären

Handbewegung beendete er das Gespräch, und ich stand verdutzt, ohnmächtig und irgendwie beschämt zwischen diesem eindeutig überlegenen, korrupten Staatsdiener und dem, MP im Anschlag, zuhörenden Riesensoldaten, und mir wurde deutlich, dass es keine Alternative zum Bezahlen gab. Da wurde ich von zwei männlichen Mitreisenden, die wohl eine weitere Eskalation und damit Verzögerung ihrer Reise befürchteten, zur Seite Richtung Buschtaxi gezogen, wo mir und meinem Begleiter, den unverständigen Toubabs, die Situation noch einmal geduldig erklärt wurde. Der Beamte konnte sich in dieser Zeit beruhigen, und einer der verständigen Mitfahrer überbrachte ihm kurz darauf einen 5000 CFA-Schein für sein verständnisvolles Übersehen der illegalen Einreise zweier Weißer. Dieser Schein, zum durchgeblätterten Bündel hinzugefügt, würde bald als verstärkte Beweislage für künftige verstockte Toubabs dienen und zeigen, dass es dem gestandenen senegalesischen Zollbeamten wirklich nicht ums Geld ging.

Das war Anfang der 90er Jahre, gilt aber wohl auch zehn Jahre später. "The rough guide to the Gambia" schreibt in der Ausgabe von Oktober 2003: "The Senegalese border post, 4 km south of Marakissa, at the unremarkable village of Darsilami is lax enough to be used by smugglers from time to time. This makes it an awkward border crossing for tourists, as you may get a Gambian exit stamp but no Senegalese entry stamp, creating problems later on." (S.160)

Die unangenehme Geschichte von damals hatte ich wieder im Kopf, als wir die Buschpiste entlangfuhren, und mir schwanten ähnliche Probleme bei der späteren Wiedereinreise in den Senegal. Am gambischen Grenzposten in Darsilami gegen 10.00 Uhr angekommen, gab es aber zuerst eine Überraschung: Weiterfahrt bis 13.00 Uhr verboten, heute war in Gambia

"Cleaning Day". Zwei weitere Wagen standen schon vor der Grenzstation, die Fahrgäste hatten sich auf die Schattenplätze verteilt, die kleinen Stände machten gute Geschäfte mit Brot, Wasser und Erdnüssen. Im Hintergrund, wie um eine Legitimation für die kuriose Begründung des Zwangsstopps zu geben, schlugen einige Jugendliche eifrig mit Knüppeln auf einen Müllhaufen ein, der allmählich flacher wurde und sich in die ähnlich zugemüllte Umgebung verteilte. Gesetzlich verordneter "Cleaning Day" in Gambia, Fahrverbot im ganzen Lande, welch ein Staat! Der Staatspräsident Yaya Jammeh ist auch für andere originelle Aktionen bekannt. 2007 erfand er ein Heilmittel gegen Aids, von dem der SPIEGEL unter dem Titel "Idiotensichere Methode" schrieb: "Weiß gewandet von Kopf bis Fuß, stellt sich das Staatsoberhaupt vor die Kranken, murmelt Gebete und schwenkt den Koran. Dann reibt Jammeh ihnen eine grüne Pampe auf die Haut, besprenkelt sie mit einer grauen Tunke aus einer alten Evian-Flasche und gibt ihnen gelbes Zeugs zu trinken. Oral verabreichte Bananen runden das Ganze ab." [1]

Die Behandlung funktioniert aber nur, wenn man nicht gleichzeitig antivirale Medikamente gegen Aids einnimmt. Außerdem sind Kaffee, Nikotin, Alkohol und Sex während der präsidentialen Kur verboten.

Wikipedia weist auf eine SPIEGEL-Nachricht ebenfalls von 2007 hin, nach der Jammeh "als Reaktion auf den Vorwurf einiger gambischer Parlamentarier, er sei geistig nicht gesund", erklärt haben soll, "er könne nur durch einen Blick in die Augen einer Person deren genauen Todeszeitpunkt vorhersagen". [2]

2008 drohte Jammeh laut "Daily Observer" den Schwulen, Drogendealern, Dieben und anderen Kriminellen in Gambia, harte Konsequenzen an, falls sie nicht innerhalb von 24 Stunden das Land verlassen würden.[3] Die Angesprochenen sollen davon so beeindruckt gewesen sein, dass sie in den Tagen danach scharenweise das Land verlassen haben ...

"Cleaning Day" ist jedenfalls eine schön absurde Einrichtung. Er findet an jedem letzten Samstag im Monat von 9.00 bis 13.00 Uhr statt. Dann ist jeder Einwohner Gambias aufgerufen, für Ordnung und Sauberkeit auch außerhalb seines Hauses zu sorgen. Es fahren keine Taxis und Busse, und der Verkehr für private Fahrzeuge ist ebenfalls untersagt. Zudem sind alle Geschäfte und Märkte geschlossen. [4]

Meinen Zeitplan lasse ich innerlich los, was sowieso günstiger beim Reisen ist, und genieße die eigenartige Situation, komme mit Mitreisenden ins Gespräch und schaue dem bizarren Reinigungsritual zu.

Kurz nach 12 Uhr setzt sich der erste Car in Bewegung, dann haben auch in meinem Wagen alle Fahrgäste ihren Platz eingenommen und weiter geht's, vorbei am Kindergarten "Mülheim an der Ruhr", nach Brikama. In und um Brikama haben sich verschiedene deutsche Hilfsorganisationen angesiedelt. Auf der Fahrt – über die offizielle wie über die grüne Grenze – kommt man an diversen Hinweistafeln vorbei: Kindergarten Bochum-Wattenscheid, Kindergarten Meschede, Kinderdorf Bottrop, Kindergarten Erfurt ... Überhaupt gewinnt man bei einer Überlandreise in Gambia aufgrund der zahlreichen Hinweistafeln auf Projekte mit internationaler Beteiligung schnell den Eindruck, dass dieses kleine Land in erster Linie von den Hilfsprojekten anderer Nationen lebt, was tatsächlich gar nicht so unzutreffend ist. [5]

Tourismus und Erdnussanbau werden in den offiziellen Statistiken als die primären Einkommensquellen Gambias angegeben, für die breite Bevölkerung wichtiger sind wahrscheinlich die Einnahmen aus Schmuggelaktivitäten und die Zuwendungen von Hilfsorganisationen.

Die Fahrt von Brikama nach Banjul dauert lange, da der Car ständig hält, um Fahrgäste ein- oder aussteigen zu lassen. Auffällig im Vergleich zur Situation im Senegal sind die vielen großen Plakattafeln, teils neue, teils halb verrottete, die neben Kreditangeboten und Automarken auch Handykarten, Getränke und Immobilien anpreisen.

Zwischen den überdimensionierten Werbeflächen fällt der Blick auf armselige Häuser und Hütten, auf Müll, auf offensichtliche Armut. Wer kauft die beworbenen Artikel in diesem Land, in dem kaum jeder zweite Einwohner lesen und schreiben kann?

Die touristische Atmosphäre wird bei der Durchfahrt des Küstenstreifens deutlicher; hier wird viel Geld verbaut, aber auch viel Geld gelassen vor allem von skandinavischen, holländischen und deutschen Touristen. Das fließt aber nicht den Gambiern zu, sondern in erster Linie den ausländischen Betreibern der Hotels und Hotelketten. Dann geht die Fahrt in die Metropole des kleinsten Staates Afrikas, vorbei am protzigen Triumphbogen Arch 22, mit dem Yaya Jammeh an den 22. Juli 1994 erinnert, den Tag, an dem er sich an die Macht putschte.

Der Car hält 500 m vom Hafen entfernt, die letzte Strecke lege ich gerne zu Fuß zurück und befinde mich bald im heillosen Gedränge vor dem Ticketschalter für die Fähre. Das kann Stunden dauern, denke ich, und die Fähre scheint schon angelegt zu haben. Gelegentlich kann ich einen Blick durch das kleine Fenster werfen, durch das maximal drei Hände gleichzeitig die Geldscheine hineinreichen können. Drinnen sehe ich drei junge Frauen, eine ist mit Kosmetik beschäftigt, die zweite telefoniert mit ihrem Handy, die dritte verkauft gleichmütig Tickets und unterhält sich dabei mit der sich schminkenden Kollegin. Ich entdecke einen jungen Mann in guter Position zum Schalter, mit lang ausgestrecktem Arm kann ich ihm auf die Schulter tippen, frage, ob er mir ein Ticket mitkauft und reiche ihm zugleich einen Geldschein. Es klappt, in kurzer Zeit habe ich das Ticket,

52

sogar das Wechselgeld will der junge Mann mir geben, und ich eile zur schon eingetroffenen Fähre.

Zu dieser Fähre gibt es einen schönen Bericht im Gambia gewidmeten Essay "Das Land ohne Psychiater" von Patrick Marnham[6]. Er beschreibt kenntnisreich in bissigem, humorvollem Stil eine Überfahrt, bei der einiges nicht so klappt, wie es klappen sollte; unbedingt lesenswert, wie auch seine weiteren Afrika-Berichte, leider ist das Buch nur noch antiquarisch erhältlich. Jedes Mal, wenn ich den Fluss hier überquere, fällt mir dieser Abschnitt ein, und ich schaue zur Brücke hoch, um einen Eindruck vom Kapitän zu gewinnen und seine Schiffsführungsqualitäten einschätzen zu können ...

Während der Überfahrt laufen zahlreiche Verkäufer durch die Gänge, bieten Getränke, Kekse, Spielzeug, Kleidung, Taschenlampen etc. an, auch Obst und Brot sind zu bekommen. Während dieser halbstündigen Überfahrt gibt es viele Gelegenheiten, ins Gespräch zu kommen, wenn man es möchte.

Barra ist eine unansehnliche Ansammlung von Verkaufsständen und Häusern am Gambiafluss, der hier so breit ist, dass das andere Ufer außer Blick gerät. Die Taxis stehen schon zwischen den Verkaufsständen, und die Fahrer streiten sich um die Fahrgäste für die etwa 10 km lange Strecke bis zur Grenze in Amdallai. Dort wenig später den Ausreisestempel zu bekommen, ist kein Problem. Für die kurze Strecke zum senegalesischen Grenzposten bieten sich Mofafahrer an. Mit meiner großen Tasche scheint mir diese wackelige Fortbewegungsart zu riskant, ich bin noch im Gespräch mit einem Fahrer, als vor unseren Augen ein Mofa mit Fahrer und Beifahrerin wegrutscht, beide sich benommen vom Asphalt aufrappeln, der Fahrer mit blutigen Schrammen am Oberarm. Ein Realargument, um meine eben vorgetragenen Bedenken zu untermauern, meine ich, und weise meinen Gesprächspartner auf den Unfall hin: "That's what I mean." Der junge Mann ist eigenartigerweise kein bisschen beeindruckt, wiederholt, es sei nicht gefährlich, es sei ja nichts passiert und ich solle getrost aufsteigen. Das mache ich natürlich nicht und nehme lieber ein Taxi zur senegalesischen Kontrollstation. Der freundliche Beamte schaut nicht nach einem senegalesischen Ausreisenachweis, ohne Nachfragen knallt er den Einreisestempel in den Pass, und ich bin irgendwie erleichtert, nun wieder im Senegal zu sein. Von dem senegalesischen Grenzort Karang aus verläuft die Fahrt zügig und problemlos.

Es ist schon dunkel, als ich an der Kreuzung Ndiosmone umsteigen muss; der Car ist fast leer, und ich befürchte eine lange Wartezeit. Noch einmal rufe ich kurz meinen Freund Dieter an, der mich im Restaurant erwarten will. Dann kommen mehrere Fahrzeuge an der Kreuzung an, Fahrgäste steigen um, und im Nu ist der Car besetzt und es geht los.

Der letzte Wagenwechsel, fünf Kilometer vor dem Zielort, verlangt noch mal geduldiges Feilschen. Ein Nachttarif in der Höhe des üblichen Fahrpreises wird zusätzlich verlangt, ich finde das zuviel, zögere die Verhandlungen hinaus und habe Glück, dass ein dazukommender Taxifahrer mit dem Tagespreis einverstanden ist und mich mit einem energischen "action!" aus der protestierenden Fahrergruppe hinausschiebt zu seinem Wagen. Am Pic Boeuf, dem zentralen Resto, steige ich aus und bin sehr froh, nach dem langen Reisetag hier von Dieter, Matthieu und einem leckeren Mafé* erwartet zu werden ...

(1) *http://www.spiegel.de/spiegel/print/d-50746929.html*
(2) *http://de.wikipedia.org/wiki/Yahya_Jammeh*
(3) *http://observer.gm/africa/gambia/article/2008/5/19/no-room-for-gays-in-gambia*

(4) *"Just the other day, in one of the online Gambian newspapers, I read about an 80-year old man who was waking everyday at 5am to sweep away the sand on*

the roads near his house. "Why do you do it?", the reporter asked him. "Because", the old man replied, "the President wants cleanliness in the nation, and instead of giving it to him once a week I thought it would be better to do it everyday. And the sand can cause accidents", he added, almost as an afterthought. [The last Saturday of every month is declared a "cleaning" day, with all the roads closed until 1pm, and everyone required to come out and clean their environments]." http://gambianewsfilter.blogspot.com/2007_12_01_archive.html

(5) Einige deutsche Kinderhilfsprojekte in und um Brikama:

http://www.dindingo.de	Kindergarten Erfurt
http://www.kinderdorf-bottrop-in-gambia.de	Kindergarten Bottrop
http://www.kigagambia.mynetc.ologne.de	Kindergarten Meschede
http://www.kindergarten-wattenscheid-in-gambia.de	Kindergarten Bochum-Wattenscheid
http://www.marakissa.de	Kindergarten Mülheim an der Ruhr
http://www.darsilami.de/ind_verein.htm	Hilfs-Center-Essen-Darsilami

(6) Patrick Marnham, Land ohne Psychiater. in: ders., Die Weißen kommen! S.192-225

"Nur 2 bis 3 Stunden ..."

Die Woche im Campement Palmarin zu Beginn des Senegalaufenthaltes hatte für Akklimatisation und erstes Relaxen ausgereicht. Gegen Ende der Woche verspürte ich Tatendrang, und als ein sympathisches Schweizer Paar am Abend über die Weiterreise mit der Piroge nach Banjul diskutierte, klinkte ich mich ein, und früh am nächsten Morgen machten wir uns zu dritt auf den Weg zum Pirogenhafen in Djifer.

Die Fahrt sollte 30.000 CFA kosten und zwei, höchstens drei Stunden dauern, eine Zeitspanne, die ich mir auf dem wackeligen Boot gerade noch zutraute, ohne seekrank zu werden. Auf uns drei Passagiere kamen drei Besatzungs-mitglieder: ein Kapitän, ein Steuermann und ein dritter Mann, dessen Funktion zuerst unklar, nach einer Stunde Fahrt aber unübersehbar wichtig war. Es drang Wasser durch die Holzplanken, und der dritte Mann bemühte sich eifrig, mit einer Blechdose den Wasserstand im Boot niedrig zu halten. Die Fahrt ging flott voran, der frische Wind tat gut, und eine Zeit lang waren Vögel zu beobachten. Ich bemühte mich, das Unwohlsein im Magen zu übergehen, schaute mal in die Ferne, mal vor mich ins Boot. Beides war nach einiger Zeit beunruhigend, da irgendwann kein Land mehr zu sehen war und im Boot das Wasser inzwischen bis über die Knöchel reichte. Die Wellen wurden heftiger, Gischt schwappte immer mal wieder ins Boot, und meine Übelkeit war nicht mehr aufzuhalten. Nach der Magenentleerung war mir allerdings kaum besser. Das etwa sechs Meter lange Holzboot schwankte in Parallelfahrt durch die Wellen, und der dritte Mann war mittlerweile so beschäftigt, dass eine Fahrt ohne seine nützliche Tätigkeit undenkbar gewesen wäre. Die Rucksäcke, vom Bootsboden hochgenommen, bekamen ihren Teil vom überbordenden Wasser ab. "Wie lange noch?" fragte ich zum zweiten Male. Wie bei der ersten Frage, bekam ich die Antwort: Wir sind bald da, eine Stunde noch. Da wir jetzt schon über drei Stunden unterwegs waren, verlor ich mein Vertrauen in die Zeitangaben des Kapitäns, und als er nach einer weiteren Stunde – ein Küstenstreifen war in der Ferne wieder in Sicht gekommen – auch nur diese Antwort hatte, gab ich auf und hoffte nur, dass wir tatsächlich irgendwann ankommen würden. Den Schweizer Freunden ging es ähnlich schlecht. Die freudige Aufbruchstimmung vom Morgen war einer stillen Leidensmiene gewichen; ungesprächig, mit bleichen Gesichtern sahen die beiden vor sich hin, von der Übelkeit ähnlich gebeutelt wie ich. An der Küste waren bald Einzelheiten zu erkennen; wir fuhren eindeutig landeinwärts. Erst waren Häusergruppen, dann einzelne Häuser zu unterscheiden, dazwischen eine Anlegestelle, auf die der Schiffsführer zuhielt. Erleichterung ergriff mich, als die Piroge nach über fünf Stunden Fahrt auf den Sand auffuhr. Wir wankten vorsichtig auf den Strand, zittrig nahm ich den nassen Rucksack in Empfang, verabschiedete mich kurz von den Leidensgefährten und ließ mich von einem überteuerten Taxi ins nahe Hotel Apollo fahren, wo ich mich eine Stunde von der "nur 2 bis 3 Stunden" dauernden Pirogenfahrt erholte.

Weisheit im Buschtaxi

Die Senegalesen verfügen über eine große Zahl von Sprichwörtern, die im Alltagsleben eine viel größere Bedeutung haben als Sprichwörter bei uns. Als Einleitungen oder Schlusssätze von längeren Bemerkungen oder als eigenständige Antworten bereichern und ritualisieren sie die Alltags-kommunikation. Selbst ganze Gespräche – vor allem älterer Senegalesen – können aus einer Wechselrede von Sprichwörtern bestehen, wobei der eine den anderen durch immer treffendere zu übertrumpfen versucht.

Ein bildliches Sprichwort kann dem Fremden einen kleinen Einblick in die Kultur und die Lebensweise der Menschen geben. Mir war vor allem die Figur des Affen aufgefallen, der, bei uns in diesem Kontext fast unbekannt, in verschiedenen senegalesischen Sprichwörtern auftaucht. Schon im ersten Sprichwort, das ich vor Jahren im Senegal hörte, spielte *golo*, der Affe, die zentrale Rolle: "*Ndànk-ndànk ay jàpp golo cib ñaay* – Langsam, langsam fängt man den Affen im Busch." Diesen Satz wird der Toubab, der zeit- und pünktlichkeitsgebundene weiße Reisende, bald hören, ebenso wie "Ihr habt die Uhren, und wir haben die Zeit".

Der Affe hatte es mir angetan, ich recherchierte ein wenig, fand gut ein Dutzend Affen-Sprichwörter für alle möglichen Situationen und bereitete mich auf die nächste Reise so vor, dass ich einige von ihnen auswendig lernte, um sie bei passender Gelegenheit anzubringen.

In den ersten trubeligen Tagen in der Hauptstadt hatte ich das Vorhaben vergessen. Im Buschtaxi zwei Stunden hinter Dakar, gerade als ich mich dem trancehaften Gedankenstrom überlassen wollte, der mich bei den langen Überlandfahrten nach einiger Zeit erfasst, fielen mir die Sprichwörter wieder ein. Als der Chauffeur kurz darauf etwas schärfer in die Bremsen ging, sagte ich mit halblauter Stimme von meinem hinteren Sitzplatz aus: "*Ndànk-ndànk ay jàpp golo cib ñaay.*" Das löste neben mir einen neugierigen Seitenblick, vor mir eine rasche Kopfwendung, dann ein zustimmendes Nicken aus, ein beifälliges Murmeln kam von vorne. Das gab mir Mut, und ich hatte nun keine Lust mehr auf eine Gelegenheit zu warten, sondern wollte meinen Schatz an Weisheit gleich unter die Mitreisenden streuen.

"*Golo amne allmettes tey albi leer*", merkte ich kurz darauf mit ernster, erhobener Stimme an, "wenn du dem Affen Streichhölzer gibst, brennt heute noch der Wald". Drei der Mitreisenden in der Reihe vor mir fanden das auch, nickten mit den Köpfen; die ziemlich vollschlanke Dame, die sich vorher schon umgedreht hatte, tat dies wieder und musterte mich etwas länger. Ich nickte ihr bedächtig zu. Mein rechter Nachbar murmelte etwas auf Wolof in meine Richtung, es klang bestätigend, vielleicht "gut gesprochen, weißer Mann", hätte aber auch ein rücksichtsvolles "Hör auf mit dem Quatsch, Toubab!" sein können. Auch weiter vorne schien meine Bemerkung kleine verbale Reaktionen bewirkt zu haben. Ich hatte Spaß an der Sache bekommen, wartete eine angemessene Zeit und legte dann nach: "*Alalu golo ca lex ba* – Das Vermögen des Affen steckt in seinen Beinen". Warum eigentlich nicht auch in seinen Armen? Oder bedeutet "lex" beides, Arme und Beine, Glieder gewissermaßen? Das kommt davon, wenn man nur auswendig lernt und die Sprache nicht versteht. Das im Senegal verbreitete Wolof ist kompliziert, regelt Zeiten und Modalitäten über eine Vielzahl von Personalpronomina. Erste Lernversuche hatte ich schnell aufgegeben und mich auf die nötigsten Alltagsfloskeln beschränkt. Jedenfalls kam dieses Sprichwort nicht so gut an; ein trockenes Lachen links neben mir war die einzige Reaktion. Vielleicht hatte ich die Wörter falsch ausgesprochen oder eins vergessen? Oder das Sprichwort war seit langem aus der Mode?

Na ja, ich hatte ja noch weitere, zum Beispiel dieses: "*Golo niaul, bayba la nioro* – Der Affe ist nicht hässlich, er ähnelt nur seinem Vater.*" Den Satz hatte ich eigentlich nie so ganz verstanden, aber hier im Buschtaxi war er ein Treffer.

Einige jüngere Frauen vorne begannen zu kichern, links vor mir gerieten zwei Mitfahrende darüber in ein Gespräch und die wirklich ausgesprochen vollschlanke Dame vor mir drehte mühsam den Kopf ganz zu mir herum, nickte und fragte auf Französisch: "Sind Sie Priester?" Ein interessanter Erklärungsversuch; woher auch sonst sollte soviel Weisheit kommen? In meiner Alles-ist-easy-Laune konnte ich nicht "nein" sagen, also nickte ich nur ernst und sagte "im Urlaub". Jetzt schien die Situation für sie geklärt zu sein, auch von anderen Fahrgästen erhielt ich "Ach so ist das"- Blicke. Tja, jetzt hatte ich Narrenfreiheit, aber zugleich sank meine Lust, in der Tarnung eines weißen Paters die Toleranz meiner Mitreisenden in Anspruch zu nehmen. Eine letzte Zugabe "*Geenu golo guddna waaye ku sa joggi mu yegko* – Der Schwanz des Affen ist lang, doch er merkt es, wenn jemand darauf tritt", schon etwas halbherzig gesprochen, fiel irgendwie ins Leere, als ob man übereingekommen sei, den Pater nicht weiter zu beachten. Also überließ ich mich meinem sprichwortlosen inneren Gedankenstrom und glitt bald in jene Trance, die ein geeigneter Zustand ist, die langen Buschtaxifahrten zu überstehen.

Verdacht

Am Gare Routière in Saint Louis habe ich einen langen Zwischenaufenthalt; das Gepäck liegt im offenen Kofferraum des Peugeot 504. Ich bin der erste Fahrgast und muss auf die folgenden sechs warten. Mit zwei Bananen besetze ich symbolisch den begehrten Beifahrersitz, der die größte Beinfreiheit bietet. Ich habe Durst, die Wasserflasche ist leer, ein Kiosk ist etwa 50 Meter entfernt. Kann ich kurz dorthin und das Gepäck hier unbeaufsichtigt liegen lassen? Für einen Moment, denke ich, geht das schon; ich eile zum Kiosk, kaufe eine lauwarme Fanta und stelle mich damit in den Schatten eines Baumes. Ich schaue zum Taxi hinüber und denke, dass der einsame Rucksack im offenen Kofferraum jemandem auffallen könnte, ein Dieb könnte die Gelegenheit ausnutzen, es ist im Moment viel los in dieser Ecke des Busbahnhofs. Ich mag aber nicht aus dem Schatten zum Wagen und in die Hitze der prallen Sonne gehen, und aus einem Abstand von vielleicht dreißig Metern beginne ich auf verdächtige Blicke, Bewegungen im Bereich meines Taxis zu achten. Es tut sich aber nichts Auffälliges. Doch dann, nach einigen Minuten, lehnt sich ein junger Bursche an den Wagen. Er spricht mit jemandem, der am nächsten Wagen mit Arbeiten unter der offenen Motorhaube beschäftigt ist, seine herunterhängende Hand ist dem Rucksack verdächtig nahe. Er müsste sich nun vergewissern, ob er beobachtet wird, ob der Besitzer des Rucksacks vielleicht in der Nähe ist. Das tut er nicht, noch nicht, gibt sich erstaunlich lässig und unbekümmert, redet weiter mit dem Mann am Nachbarauto. Er scheint sich sehr sicher zu sein, vielleicht ein Profi? Ich bemühe mich besonders unauffällig zu beobachten und bereite mich innerlich auf eine schnelle Reaktion vor. Gelangweilt schaue ich auch mal in eine andere Richtung, gehe noch etwas mehr in die Deckung des Baumschattens. Das Gespräch drüben dauert an; die Hand des jungen Schwarzen braucht nur einen Schlenker von einem halben Meter zu machen, um meinen Rucksack zu ergreifen. Er müsste aber wenigstens hinschauen, um sich die richtige Anpackstelle auszusuchen. War da nicht gerade ein flüchtiger, wie zufällig wirkender Blick in den Kofferraum? Ich warte darauf, dass mich nun ein Komplize durch ein Gespräch oder ein Kaufangebot abzulenken versucht oder andere Jungs wie zufällig die Sicht auf das Gepäck verstellen. Aber nichts dergleichen geschieht. Bereitet er einen anderen Trick vor? Oder will er ganz direkt vorgehen und mit einem schnellen Griff den Rucksack nehmen und abhauen? Ich stelle die leere Fantaflasche zur Seite und mache mich bereit, um in diesem Falle aus meiner Deckung herauszustürzen. Der soll sich verrechnet haben!

Als der Bursche einen Moment später einfach so weggeht, bin ich enttäuscht. Das wäre eine schöne Gelegenheit gewesen, den schlauen Trick des afrikanischen Spitzbuben zu durchschauen und zu vereiteln. – Oder, fällt es mir da ein, bin ich hier vielleicht der Spitzbube, der den harmlosen, mit ihren eigenen Angelegenheiten beschäftigten Schwarzen lauter böse Absichten unterstellt?

Mamadou: *An der Grenze bei Seleti*

"Bonjour Monsieur, Sie fahren nach Diouloulou? Das kostet im Septplace 400 CFA, wenn Sie ihn allein wollen 3000, dann fährt er gleich los und Sie brauchen nicht zu warten. Wie Sie wollen, es ist Ihre Entscheidung. Wie heißen Sie? Ich heiße Mamadou Sane. Bitte, setzen Sie sich doch hier her. Seit wann sind Sie im Senegal? Sind Sie das erste Mal hier? Woher kommen Sie? Ah, Deutschland mag ich sehr, wie ist es jetzt dort? Einmal hatte ich eine Adresse, Christian, in Schtugaar, ich habe ihm geschrieben, aber habe keine Antwort bekommen, ich habe noch mal geschrieben, wieder nichts, nach dem dritten Brief habe ich es dann gelassen. Ah, Deutschland, da würde ich gerne mal hinkommen. Wie kommt man nach Deutschland? Ja, wenn man einen Freund dort hätte ... Es interessiert mich sehr, wie es in Deutschland ist. Wissen Sie, hier ist es nicht leicht, mein Vater und meine Mutter sind tot, ich muss mich um meine zwei kleinen Schwestern und meine Großmutter kümmern. Die Schule habe ich nach dem Tod des Vaters aufgegeben, ich war nicht schlecht in der Schule, aber dann konnte ich das Schulgeld nicht bezahlen und musste mich um die Geschwister kümmern. Wenn ich das Schulgeld hätte, wenn mir jemand helfen würde, ich würde wieder zur Schule gehen. Können Sie mir nicht Ihre Adresse geben? Ich würde Ihnen schreiben, Sie würden mir schreiben. Sie schreiben mir, wie es in Deutschland ist, das interessiert mich wirklich, und ich schreibe Ihnen, was hier in Seleti passiert. Sie würden mir bestimmt schreiben. Wir wären wie Freunde. Denken Sie nicht, dass ich Geld will, nein, so einer bin ich nicht, der nach Geld fragt. Das ist nicht meine Art zu leben, nach Geld zu fragen, nein, das ist auch nicht gut. Ich mag das nicht. Ich schlage mich so durch. Man muss etwas tun. Wenn ich jemanden in Deutschland hätte, dem ich schreiben könnte,

das würde mich freuen. Wenn Sie jemanden brauchen, der Ihnen hier die Umgebung zeigt, ich kenne mich gut aus, Diouloulou, Bignona, Kafountine, die Bolongs, ich kann Ihnen vieles zeigen. Sie bleiben in Diouloulou? Chez Mariam oder Hotel Kent? Ah, bei Amadou, den kenne ich, das ist ein Freund, ein guter Freund. Wissen Sie, die Schule würde ich sofort wieder besuchen, obwohl ich 20 bin; ich spreche auch Englisch. Ich brauche nur das Schulgeld und sofort würde ich zur Schule gehen. Das Leben hier ist hart, es gibt keine Arbeit, ich bin meistens hier an der Grenze und helfe den Leuten. Sehen Sie, jetzt sind schon vier Passagiere zusammen, es fehlen nur noch drei, dann geht es los. Das Gepäck kostet extra, 100 oder 200 bei Ihrem großen Rucksack. Was meinen Sie, möchten Sie mir Ihre Adresse geben? Ich würde bestimmt schreiben. Nein? Okay, kein Problem. Au revoir, Monsieur, und gute Reise."

Hier und dort

Casamance

Jedes Mal, wenn ich in Dakar mit einem Einheimischen über meine Absicht sprach, in den nächsten Tagen in die Casamance zu reisen, erfuhr ich ähnliche Reaktionen: "In die Casamance?! Das ist gefährlich!", "Ich würde da nie hinfahren, das sind doch alles Rebellen, die Diola.", "Hast du keine Angst? Dort gibt es immer wieder Überfälle, dort sind die Banditen!" Und tatsächlich berichten die Tageszeitungen in Dakar trotz des

Friedensvertrages vom Dezember 2004 gelegentlich von bedenklichen Ereignissen wie Überfällen auf Militärposten oder bewaffneten Raubüberfällen auf Dörfer, Geschäfte oder Fahrzeuge.

Ist man in der Casamance, erfährt man davon allerdings wenig. Nicht nur, weil es kaum Tageszeitungen gibt, es ist auch im Unterschied zu Nordsenegal in der Casamance wenig Interesse vorhanden, genauere Nachrichten über die eher selten gewordenen Vorkommnisse zu verbreiten. Damit wird eines der Merkmale dieses nur noch schwer einschätzbaren Konfliktes im Süden Senegals deutlich: der Norden meldet fast mit Begeisterung jedes Gewaltereignis in der Casamance, und die Dakarer Presse neigt dazu, dieses aufzubauschen. Im Süden wird eher wenig über die gelegentlichen Gewaltübergriffe der "Rebellen" geredet und geschrieben. Hier will man die relativ wenigen Touristen □ von Cap Skiring mal abgesehen □ nicht verschrecken, dort, im Norden, beabsichtigt man genau das, um die zahlungskräftige weiße Kundschaft an die Petite Côte zu binden und nicht an die grünere, unverbrauchte und interessantere Casamance zu verlieren.

Abgesehen von der medialen Präsenz oder Nicht-Präsenz des Casamance-Konfliktes ist eine Einschätzung der gegenwärtigen politischen oder militärischen Situation der beteiligten Gruppierungen höchst kompliziert[1]. Für den westlichen Reisenden ist ein Durchblick gänzlich unmöglich. Von inneren Streitigkeiten schon länger zerrissen, bietet die MFDC (Mouvement des Forces Démocratiques de la Casamance) kein einheitliches Bild, sondern zerfällt in sich wandelnde Kleingruppierungen mit unklaren politischen Zielsetzungen, wechselnden Führungspersönlichkeiten, wechselnden Koalitionen und Aktivitätsgebieten.

Welche Staaten in den Konflikt in welcher Weise verstrickt sind, ist ebenfalls kaum nachvollziehbar: Gambia und Guinea-Bissau werden als Rückzugsgebiete der Rebellen angegeben und diese vielleicht von den dortigen Regierungen unterstützt, andere sehen die grenzübergreifende Zusammenarbeit mit Drogen-kartellen zur Beschaffung von Geldern für den Waffenkauf[2], selbst Deals mit der Gendarmerie und dem senegalesischen Militär werden in der letzten Zeit genannt [3].

Reiseeindrücke, die sich auf den Konflikt beziehen, gibt es allerdings immer wieder. Mehrfach erlebte ich in Gesprächen, dass sich jemand primär als Diola oder Casaçais definierte, nicht als Senegalese; immer wieder wird darauf hingewiesen, dass die südliche Region von der Regierung in Dakar in jeder Beziehung vernachlässigt werde: kaum etwas von den Geldern zur Entwicklung der Infrastruktur komme tatsächlich im Süden an. In der jetzigen Regierung von Macky Sall stamme kein einziger Minister aus der Casamance. Bei der jüngsten Auflistung der großen Städte, in denen die Installation von Straßenbeleuchtungen vorgesehen sei, fehle Ziguinchor, die Hauptstadt der Basse Casamance etc. Ja selbst die Bezeichnung für die östliche Casamance habe die Regierung in "Sénégal oriental" geändert, obwohl das doch auch die Casamance sei.

Nach der Rücknahme der Visumpflicht im Mai 2015 steigen die Touristenzahlen wieder, auch in der Casamance.

(1) vgl. Felix Gerdes, Herrschaft und Rebellion in der Casamance S. 85 - 97 in: Gewaltherrschaft bewaffneter Gruppen: Ökonomie und Herrschaft nichtstaatlicher Akteure in den Kriegen der Gegenwart. Herausgeber Jutta Bakony et al., Nomos 2006, Baden-Baden

(2) Jean-Claude Marut, Guinée-Bissau, Casamance et Gambie: une zone à risque: http://www.iss.europa.eu/uploads/media/Guinee-Bissau_Casamance_Gambie.pdf

(3) Jüngste Enthüllungen über Waffenverkäufe der Nationalgendarmerie an die MFDC in dem Buch von Colonel Ndaw, "Pour l'honneur de la gendarmerie sénégalaise" (2014)

Strandspaziergang in der Casamance

Kurz vor der Grenze zu Gambia, dort wo der Grenzfluss Allahein ins Meer mündet, liegt **Niafourang**, ein Örtchen mit drei Dutzend Hütten, einer Mini-Schule, einem Kirchlein und einem nie funktionierenden Telecenter. Es wäre nicht der Erwähnung wert, wenn sich nicht vor einer Reihe von Jahren einige Franzosen dort engagiert und ein einfaches Campement errichtet hätten. Dieses liegt einen Kilometer vom Ort entfernt am Fluss und wenige Minuten Fußweg vom Sandstrand entfernt.

Inzwischen haben sich die Sponsoren zurückgezogen, nun kümmert sich der Geschäftsführer Ousmane Sané mit seiner Frau um das Wohl der Gäste. Von denen allein kann er nicht leben, daher hat er im Campement einen Miniladen auch für die Dorfbewohner installiert und kommt "so lala" über die Runden. Für Investitionen reichen die Einnahmen kaum, noch funktionieren Wasserturm und Solarstromanlage, die Einrichtung zeigt schon einzelne Verfallsmerkmale, wirkt aber insgesamt noch recht einladend. Wer eine untouristische Umgebung, viel Natur und eine einfache Unterkunft liebt, ist hier bei Ousmane im Campement Tilibo gut aufgehoben.

Vom Campement zum Meer geht es über das Gelände der zweiten Anlage in Niafourang, der "Domaine de Kabadio". Ein mit Fußball in Frankreich zu Geld gekommener Senegalese betreibt die komfortablere Unterkunft, in der vor allem Angler ihrem Hobby nachgehen und wo sich am Abend der Sonnenuntergang bei einem Glas Campari-Orange genießen lässt.

Der hier ins Meer strömende Fluss ist ungemein fischreich, wovon ich mich bei einem kurzen Lehrgang im Wurfnetzfischen überzeugen konnte, wenn auch meine Erfolge hierbei sich auf das einigermaßen runde Auswerfen des Netzes beschränkten. Der eine magere Fisch, der mir in den Maschen hängen blieb, war wohl ein krankes oder müdes Exemplar. Dailia, der Fischer aus Niafourang, der mich begleitete, war erfolgreicher und fädelte die Fische fachmännisch auf einen gefundenen Plastikstreifen auf. –

Der Spaziergang am Strand entlang geht in Richtung Süden; der Sand unter den Fußsohlen fühlt sich angenehm an, gelegentlich lasse ich die flach auslaufenden Wellen meine Füße abkühlen. Der anfangs breite Strand wird bald schmaler und grenzt schließlich an ein Mangrovenwäldchen. Bei Ebbe könnte ich ungehindert den Weg fortsetzen, jetzt bei Flut muss ich einen kleinen Umweg durch Büsche und über Dünengras nehmen. Nach einigen hundert Metern ist die Sandfläche wieder begehbar. Wenige Menschen sind hier unterwegs, und so kann ich das Geräusch der Wellen, die Sonne und den Sandboden unter meinen Füßen ungestört genießen.

Als ich ein leises, allmählich deutlicher werdendes Tuckern höre, weiß ich mich in der Nähe des Luxushotels Kalissai, das mit kräftigem Generator, Funkmast und eigenem kleinen Flugplatz eine eigenartige Oase bildet, einen Kontrast zu den meist einfachen Unterkünften in Niafourang und Abéné. Vor dem Kalissai sind schon mal Surfbretter zu sehen, Liegestühle und ein Wassermotorrad, von hier starten auch gelegentlich Quads zu ihren störenden Fahrten den Strand entlang. Doch wie in den meisten Unterkünften an der Küste der Casamance finden sich die Touristen in der Saison von Dezember bis April ein, sonst ist der Strand den einheimischen Fischern vorbehalten. Jetzt, Ende November, kommen die ersten Touristen. Ich grüße den Angestellten, der konzentriert den Sand harkt, und lasse das Kalissai mit seinem Generatorgeräusch hinter mir.

Einige hundert Meter weiter mache ich an einem Baumstumpf eine Pause, eine Stelle, die ich vor einigen Tagen mit dem Rad passiert habe. Jahr für Jahr frisst das Meer ein wenig mehr vom Land weg; hier hat es einige strandnahe Bäume erwischt, an anderen Stellen ist auch die Bebauung betroffen. Das Campement "A la nature" in Kafountine versucht sich mit Betonierungen und Sandsäcken gegen das Meer zu schützen; doch diese Maßnahme kann nur für wenige Jahre den kontinuierlichen Landfraß aufhalten, der überall an der Petite Côte und der Küste der Casamance anzutreffen ist.

Ein junger Einheimischer kommt den Strand entlang und ich weiß, dass er sich zu mir setzen und ein Gespräch suchen wird. Freundlich und unbefangen geht er die übliche Fragenfolge durch, der man an schlechten Tagen ein Dutzend Mal ausgesetzt sein kann. Wie heißt du? Woher kommst du? Wie lange bist du im Senegal? Bist du zum ersten Mal hier? etc. Ich bin anfangs wortkarg, abweisend, sage, dass ich den einsamen Strand genieße. Als der junge Mann kritische Bemerkungen über den Tourismus in der Casamance fallen lässt, antworte ich doch mit einem ganzen Satz, und so kommen wir dann in ein Gespräch. Boubacar outet sich als Student, der sein Geologiestudium in Dakar aus Geldmangel abgebrochen hat und nun seinem Bruder hilft, ein kleines Campement im Dorf zu führen. Seine Ansichten über die Folgen des Tourismus für Senegal und auch für Abéné sind differenziert und engagiert. Ich werde gesprächiger, der Kontakt wird für uns beide interessanter, und das Gespräch endet mit einer Einladung ins Campement seiner Familie, die ich, ohne mich zeitlich festzulegen, dankend annehme.

Das Filaowäldchen von **Abéné**, einem kleinen Mandinkadorf*, reicht bis zum Strand und markiert so die Stelle, wo die Stichstraße vom Ort nach zwei Kilometern das Meer erreicht. Die bunten Pirogen am Strand werden beim Näherkommen deutlicher. Ich gehe am Wäldchen des "Kossey" vorbei, einem strandnah in einem gepflegten Garten gelegenen Campement. Direkt am Strand und praktisch auf dem Weg liegt die neue

Strandbar. An den fähnchengeschmückten Pirogen vorbei, in deren Umkreis es übel nach Fisch riecht, erreiche ich den Schatten des kleinen Palmblätterdachs und bestelle eine Fanta.

Abéné ist für sein Musik-Festival bekannt, das jeweils zum Jahreswechsel stattfindet. Lokale und regionale Musikgruppen spielen neben einzelnen ausländischen, meist französischen, Formationen. Die Festivalzeit ist Hochsaison, und jeder will an den nun zahlreich kommenden Touristen etwas verdienen. Kleine Buden mit Kunstartikeln sind über Nacht am Hauptweg oder am Strand installiert, Restaurants öffnen den Betrieb für zwei bis vier Wochen, die Preise steigen etwas und überall sind junge Männer mit Rasta-Frisuren zu sehen. Aus dem nahen Gambia kommen sie herüber, englisch sprechend, locker drauf – "hello, my friend, no problem, yeah!" –, suchen den Strand ab nach Toubabs, besonders weiblichen, zu denen sie sich gesellen können und von denen sie sich nach einem Gespräch einen lukrativen Kontakt versprechen. An den gambischen Touristenmeilen geschult, sind sie den eher zurückhaltenden jungen Mandinka oder Diola des Ortes im Kommunikationsverhalten überlegen. Guides und Trommellehrer sind sie alle, gerne auch Begleiter bei Einkäufen und Restaurantbesuchen.

Die Atmosphäre ändert sich in dieser Zeit: die englischen Floskeln verdrängen die französischen, als Tourist wird man häufiger und etwas aggressiver angesprochen, die Sounds der zahlreichen Trommelgruppen – einheimische, die fürs Festival üben, und touristische Lerngruppen – und der abendlichen Reggae-Partys und Discos verstummen auch nachts nicht mehr. Eine lebendige, geschäftige Unruhe hat die sonst herrschende Gemächlichkeit verdrängt und wird den Ort erst lange nach dem Festival wieder verlassen. –

Von irgendwoher tauchen Rinder auf, machen einen Strandspaziergang, der sie bis zur nächsten Grasecke führen wird.

Meine Fanta für 500 CFA, umgerechnet 75 Cent, ist ausgetrunken. Ich gehe weiter an den als Privatbereichen gekennzeichneten Uferstreifen vom Hotel Casamar und dem Maison Sunjata vorbei. Die Strandbebauung ist in der Nähe von Abéné etwas dichter; auch angefangene, halb- oder dreiviertel fertige Häuser sind hier vom Strand aus zu sehen. Die Einheimischen bauen so lange, wie das Geld reicht. Zumindest ein sichtbarer Baubeginn wird erwartet, denn ohne eine wahrnehmbare Inbesitznahme des Grundstücks kann die Gemeinde das Land nach zwei Jahren weiterverkaufen. Aber da reichen in der Regel eine Grundsteinsetzung oder eine Ummauerung des Geländes. Auch einige Europäer, Holländer, Belgier und Deutsche vor allem, haben sich hier niedergelassen. Als Europäer hier ein Häuschen zu bauen, ist einerseits nicht teuer, andererseits langwierig und oft mit viel Ärger verbunden, besonders wenn man keine verlässlichen einheimischen Berater vor Ort hat. Gerne wird dem Toubab ein höherer Preis abgehandelt, und an die geringe Verbindlichkeit von Absprachen, vor allem solchen, die eine zeitliche Festlegung betreffen, kann man sich als Europäer nur schwer gewöhnen.

Ich überhole die kleine Rinderherde, die bereitwillig zur Seite weicht, und sehe schon in der Ferne den nächsten optischen Anhaltspunkt auf diesem Weg, ein Schiffswrack, das erste von zweien, die im seichten Strandwasser seit Jahren vor sich hin rosten. Das erste liegt vollständig im Wasser und wird auch bei Ebbe nicht völlig sichtbar und erreichbar, wohingegen das zweite bei zurückgewichenem Wasser zu Fuß fast zu umrunden ist. Das Schiffsskelett mit den braun-rot-scharzen Rosttönen wirkt eigenartig malerisch und lädt ein zu Phantasien über die möglichen Ursachen der Havarie.

An einer Strandstelle zwischen zwei etwas größeren Campements hat sich ein Händler niedergelassen, der die üblichen Kunsthandwerksobjekte – Masken, Stoffe, Schmuck etc. – anbietet. Er kommt aus seiner kleinen Hütte heraus auf mich zu und beginnt das übliche Verkaufsgespräch. Aber ich habe keine Lust auf Anschauen und Kaufen und gehe mit einem freundlichen "No, merci" weiter. Die Muscheln am Strand sind ungewöhnlich dick, verglichen mit denen, die ich von der holländischen Küste kenne, auch schöne farbige Spiralmuscheln glänzen in der Sonne. In größeren Abständen liegt immer wieder mal ein toter Fisch, um den sich Möwen oder die zahlreichen flinken Strandkrebse intensiv bemühen.

Zwischen Abéné und Kafountine sind in den letzten Jahren mehrere kleine Campements und Hotels in Strandnähe gebaut worden, einige haben auch wieder zugemacht mangels Touristen. Das Niveau ist sehr unterschiedlich, vom einfachsten Kleinhüttenarrangement mit Ziehbrunnen bis zum klimatisierten Appartement ist alles zu finden. In der Saison reisen kleine Gruppen von Europäern an, um Tanz- oder Trommelunterricht zu nehmen, einige Rucksacktouristen kommen dazu, und oft reicht dies den Betreibern schon, um einigermaßen über die Runden zu kommen.

Wieder ist es ein Filaowäldchen, das den Ort markiert bzw. den kleinen Fischerhafen von **Kafountine**. Der Ort selbst befindet sich, wie Abéné, knapp zwei Kilometer landeinwärts. Eine improvisierte Strandbar lädt zu einem kurzen Halt ein, bevor es in den Ort und mit dem Wagen zurückgeht nach Niafourang.

Kafountine ist mehr auf Touristen eingestellt als Abéné, es gibt mehrere Campements, auch etwas komfortablere, der Ort ist mit Strom versorgt, hat zwei Internetcafes, einen Markt und ist auch für die Menschen aus Abéné Ziel ihrer über das Nötigste hinausgehenden Besorgungen. Vom Meer her komme ich über die geteerte Straße in den Ort, der etwas heruntergekommen wirkt; Schmutz und halb fertige oder halb verfallene Häuser erzeugen diesen Eindruck, jede dritte Hütte ist entweder "Restaurant" oder verkauft touristisches Kunsthandwerk. Allerdings ist Kafountine ein Flächendorf, und es gibt recht schöne versteckte Ecken mit kleinen Campements, Restos und den hübschen Häuser der Toubabs, die sich hier niedergelassen haben.

Am Taxihaltepunkt warte ich eine halbe Stunde auf einen Car, eine gute Gelegenheit einige Bananen und Postkarten zu kaufen und eine Fanta zu trinken. Dann sind auch schon die fünf Passagiere zusammen, und es geht los nach Kabadio, von wo ich noch etwa vier Kilometer zu Fuß bis zum Ausgangsort Niafourang zurücklegen muss. Das wird anstrengend, doch nach einer Dusche und einer kleinen Pause ist es dann bald Zeit für den abendlichen Aperitif mit Meerblick, auf den ich mich schon jetzt freue.

Mit Hund

Auf einem langen Strandspaziergang von Mboro-sur-mer nach Fass Boye begleitet meinen Freund Klaus und mich Babou, der Hund der Hotelbesitzerin, ein intelligentes und freundliches Tier. Babou geht aus freien Stücken die 10 Kilometer mit uns, hält einigen Abstand und ist meist damit beschäftigt, angeschwemm- ten oder in den Strandwellen dümpelnden Fischen genüßlich Kopf und Schwanz abzubeißen. Bei einer Rast teilen wir unser Wasser mit ihm wie mit einem echten Kumpel.

Als nach über zwei Stunden der Zielort auftaucht, von dem aus wir mit dem Taxi zum Hotel zurückfahren wollen, stellt sich allmählich die Frage, was mit dem Hund zu tun ist. Einerseits hat er sich so selbstständig verhalten, dass ihm der Rückweg wohl zuzutrauen ist, andererseits ist es irgendwie schofel, diesen Kumpel, der so gut mitgehalten hat, einfach stehen zu lassen. Es zeigt sich beim Eintritt ins Dorf, dass der Hund hier unbekannt ist. Die Menschen zeigen ängstliche Reaktionen vor dem großen Tier. Uns kommen Bedenken, was er mit den Hühnern, Ziegen und Katzen machen wird, die überall herumlaufen, und wir beginnen Schwierigkeiten zu ahnen. Dem Hund ist ebenfalls anzumerken, dass er sich fremd fühlt, er ist unruhig, blafft gelegentlich Kinder an, wird aber nicht wirklich ausfallend, als ob er wüsste, auf was es jetzt ankommt.

Auf der Hauptstraße geraten wir an den Fahrer des einzigen Taxis. Über den Fahrpreis werden wir schnell einig; doch als es darum geht, dass auch unser Begleiter mitfahren soll, ist die Abmachung sofort hinfällig, und ein zähes Feilschen beginnt. Dabei sind wir immer noch nicht sicher, ob der Hund nicht besser alleine zurücklaufen soll. Ich spiele mal wieder die Rolle des dem Handel abgeneigten Partners und sage, dass ich mit dem Hund lieber zurücklaufen möchte, was die Verhandlungsposition von Klaus sofort verbessert. Allmählich hat sich die Zahl der interessierten Zuschauer auf etwa dreißig vergrößert. Gerade als es aussichtslos erscheint, sich auf einen vernünftigen Preis zu einigen, ist plötzlich alles klar, wie so oft im Senegal.

Wir sagen dem Hund, er soll einsteigen, doch der bleibt vor der geöffneten Tür stehen. Ich zeige ihm, wie man einsteigt, und fordere ihn freundlich auf, zu mir in den Wagen zu kommen. Er versteht, was gemeint ist, aber kann sich nicht entschließen.

Weitere Dorfbewohner sind dazugekommen und verfolgen amüsiert, was die verrückten Toubabs vorhaben. Ein Hund, der Taxi fahren soll, das können sich nur Weiße ausdenken. Auch Babou findet das wohl unpassend und weigert sich strikt, unseren Bitten nachzukommen; der Kumpel wird zum Problem. Der Chauffeur öffnet mit einem ironischen Lächeln die

Heckklappe, vielleicht mag das Tier lieber dort einsteigen? Mag Babou aber auch nicht, und selbst als wir so tun, als wollten wir nun ohne ihn losfahren, bleibt er verwirrt und unentschieden vor dem Wagen stehen. Mittlerweile sind alle Dorfbewohner da. Eine schöne Abwechslung; zwei Toubabs zwingen einen Hund zum Taxifahren. Die Sympathien sind auf Seiten des Hundes: der verhält sich normal, da Hunde ja nicht Taxi fahren. Die Toubabs sind verrückt, weil sie für etwas, was der Hund nicht will, auch noch Geld bezahlen. Schließlich gelingt es uns, das mittlerweile sehr verwirrte Tier teils von innen hereinzuzerrren, teils von außen hineinzuheben, die Tür zu schließen und, Babou auf der Rückbank zwischen uns festhaltend, endlich loszufahren. Das Gelächter und Gejohle der Menschen macht uns die Komik der Situation deutlich, auf die auch in den Ortschaften, die wir anschließend durchfahren, die Leute reagieren, wenn sie in dem Taxi zwei Weiße mit einem großen Hund – einem HUND! – auf dem Rücksitz sehen.

Unser völlig desorientierter Kumpel steht unruhig auf dem Polster, schaut nach links, nach rechts; sein Geifer weht im Fahrtwind mal Klaus, mal mir ins Gesicht. Das beruhigende Tätscheln bewirkt wenig; das Tier macht den Eindruck, als wolle es gleich durch die glaslosen Fenster ins Freie springen.

Als wir schließlich im Ausgangsort ankommen, ist der Hund völlig fertig. Er schleppt sich gerade noch zum Hotel, wo er sich hechelnd bis zum Abend in seine Ecke legt. Madame, der wir die Geschichte erzählen, schlägt die Hände überm Kopf zusammen; sie habe ihm nachdrücklichst verboten, in ein fremdes Auto einzusteigen, da sie befürchte, er könne gestohlen werden. Wir hätten ihn doch da lassen sollen, sie hätte ihn schon geholt. Ja, wenn wir das gewusst hätten ... Die Achtung vor dem Hund steigt wieder; sein Bettelblick zum Frühstücksteller am nächsten Morgen ist nicht vergeblich.

Marsassoum

Ich habe mich Fatou, einer befreundeten Einheimischen, auf ihrer Reise zum Besuch der Familie angeschlossen und so die Gelegenheit wahrgenommen, mich drei Tage "en famille" in dem etwas abgelegenen großen Dorf Marsassoum in der Casamance aufzuhalten.

In einem renovierungsbedürftigen Lehmhaus, an dessen rechter Seite ein schlimmer Riss durch die Außenwand geht, leben etwa 15 Personen. Das Zimmer hinter dem Riss wird wegen der Einsturzgefahr sonst nicht bewohnt, heute sind drei Personen dorthin umquartiert worden, damit der weiße Gast ein gutes, d. h. sicheres Zimmer mit Bett bekommen kann. Ich bitte Allah, den Einsturz der maroden Haushälfte noch etwas hinauszuzögern. Der Besitzer des Hauses ist abwesend, er praktiziert Maraboutage* in Dakar, kommt selten, schickt wenig Geld, so wird mir erzählt. Es reiche gerade zum Essen. Das Kochhäuschen ist vor kurzem zusammengefallen, nun wird in einem Blechverschlag für den 15-Personen-Haushalt gekocht, ein Sack Reis von 20 Kilogramm und zu umgerechnet etwa 12 Euro reicht für vier bis fünf Tage. Es ist der billigste Reis, importierte dritte Wahl aus Thailand, mit Verunreinigungen und kleinen Steinchen durchsetzt, die in mühsamer Sucharbeit herausgelesen werden müssen. Von den 15 Personen sind nur drei männlichen Geschlechts, zwei kleine Jungen, ein alter Mann. Wie in vielen senegalesischen Familien sind die Männer irgendwo unterwegs, arbeiten in den Städten, im Ausland – manchmal weiß die Familie nicht genau wo –, schicken unregelmäßig Geld. Fast männerlose Haushalte sind im ländlichen Senegal häufig anzutreffen; die Frauen warten, kümmern sich um Kinder und Hausarbeit, um Kleinhandel und Feldarbeit, schaffen es, irgendwie über die Runden zu kommen. Das Geschlechterverhältnis im Senegal, erklärt mir ein zum

Gespräch mit dem weißen Gast gekommener Verwandter, der in der Ortsverwaltung arbeitet, habe sich in den letzten Jahren so geändert, dass auf einen Mann statistisch 1,5 Frauen kommen. "Du verstehst", erklärt er mir lachend, "es müssen sich zwei Männer drei Frauen teilen!" Ist das tatsächlich lustig in einer Gesellschaft, wo sich bis zu vier Frauen üblicherweise einen Mann teilen?

In einer entspannten Atmosphäre spielt sich im Hof das einfache Alltagsleben ab. Die Großmutter, stilles Zentrum der Familie, kann gerade noch von ihrem Zimmer in den Hof gehen, wo sie den halben Tag auf einer Steinbank sitzt. Die älteren Kinder gehen morgens zur Schule, die Kleinen spielen im Hof, es wird lange gekocht, gegessen, mittags ist Ruhezeit, nachmittags spielen auch die größeren Kinder im Hof, abends kommen Nachbarn, Freunde zum Plausch vorbei. Vom Nachbarn wird ein Plastikstuhl für den Toubab ausgeliehen; so sitze ich wie ein König hoch auf dem blauen Stuhl, die Familie auf der Matte, der Steinbank oder einer niedrigen, etwas wackligen Holzbank. Die Tochter meiner Begleiterin, Erstklässlerin seit einem halben Jahr, kommt mittags von der Schule zurückgetrottet, schaut zu Boden, geht zur Großmutter bzw. ihrer Urgroßmutter, in deren Bett sie auch schläft, und schmiegt sich an sie. Sie hält erst tapfer die Tränen zurück, muss dann doch etwas weinen und erzählt, dass der Lehrer sie geschlagen habe. –

Auf ein kühles Bier am Abend will ich auch in Marsassoum nicht verzichten. So bitte ich Fatou, die mich als Gast hier eingeführt hat, mit mir auf Biersuche zu gehen. Dass dies in dem abgelegenen, untouristischen Ort am Soungrougrou-Fluss nicht einfach ist, vermute ich zu Recht. Erste Anlaufstelle ist der größte Laden im Ort, wie meist im Senegal in libanesischer Hand. Der ältere der beiden hellhäutigen Brüder winkt auf die Frage meiner Begleiterin so entschieden ab, dass ich spontan

Schuldgefühle bekomme und mir mein ungehöriges Ansinnen in diesem überwiegend von Muslimen bewohnten Ort deutlich wird. Draußen meint ein Bekannter, es gebe eine heimliche Bierausgabe gleich hier an der Anlegestelle. Es ist mittlerweile dunkel geworden, und im Schutze der Nacht setzen wir das unheilige Unternehmen fort. In dem von einer schwachen Birne in schummeriges Licht getauchten Hinterhof sitzen tatsächlich zwei Toubabs, und wo abends Toubabs herumsitzen, kann eigentlich Bier nicht weit sein. Aber Fehlanzeige, es werde hier kein Alkohol ausgegeben, erfahren wir, beim Libanesen im Zentrum sollen wir es mal versuchen ... Zwei weitere Bekannte meiner Begleiterin, die wir auf dem Rückweg treffen, scheinen sich mit der kniffligen Frage auch nicht auszukennen. Also landen wir wieder beim Libanesen. Ich warte draußen und habe Gelegenheit, kurz die seltsame Situation zu reflektieren, komme mir wie ein Drogensüchtiger vor, der öffentlich auf Stoffsuche ist. Ich finde auch die Rolle meiner Begleiterin prekär, die sich als Helferin meiner unlauteren Bedürfnisse in ihrem Heimatort vielleicht disqualifiziert. Andererseits ist man im Senegal tolerant, gerade den Toubabs gegenüber. Ich ertappe mich dabei, mir kurz einen Abend ohne kühles Bier vorzustellen, lasse den Gedanken aber schnell wieder fallen und beschließe, mich weiter auf die eigenartige Situation einzulassen.

Der Libanese hat immer noch kein Bier und auch keinen Tipp, wo welches zu finden ist. Die freundliche Bedienung aus dem kleinen Restaurant taucht auf, ein kurzes Gespräch entwickelt sich, dann gehen wir weiter zur Boutique* eines Verwandten. Der weiß was: bei ihm in der Nachbarschaft gebe es einen heimlichen christlichen Bierausschank, er sei gerade dabei seine Boutique dicht zu machen und könne uns dorthin begleiten. Es sei nicht weit. Wenn jemand ungefragt sagt, "ist nicht weit", dann heißt das ziemlich genau das Gegenteil, sagt mir meine

Erfahrung, und ich setze in Gedanken den Beschaffungsaufwand in Relation zum erhofften Genuss – und gehe mit. Es sind wirklich "nur" etwa 20 Minuten Gehzeit: ein am Ortsrand gelegener Compound, in dessen Hof einige Männer vor dem Fernseher sitzen, neben ihnen – Bierflaschen! Leider ist der Kühlschrank defekt, die Flaschen sind angewärmt, leider wird auch nicht außer Haus verkauft. Das erste Problem lässt sich nicht lösen, das zweite schon – gegen einen kleinen Aufpreis und das Versprechen, die Flaschen wirklich wirklich morgen zurückzubringen. Die zwei Flaschen werden ordentlich in eine schwarze Plastiktüte gesteckt, welche übermorgen mit ihren unzähligen Schwestern die freien Flächen des Ortes schmücken wird. Nun ist der Toubab zufrieden gestellt, und es geht durch die Dunkelheit nach Hause, wo Reis und Gemüse schon auf die alkoholische Ergänzung warten. Ob ich morgen diesen wichtigen Platz in Marsassoum alleine wiederfinden werde?

Unterwegs erklärt mir Fatou, dass eigentlich jeder weiß, wo man hier Bier bekommt, aber keiner dies in Gegenwart anderer zugeben will. Man mag sich nicht den anderen Muslimen gegenüber als Kenner der Alkoholszene outen. So sei ihr die Frau aus dem Restaurant extra nachgegangen, um ihr nicht vor den Ohren ihrer Gäste die gewünschte Auskunft zu geben, die mit dem Tipp des Boutique-Besitzers identisch gewesen sei.

Nachts kann ich lange nicht einschlafen; das Zimmer hat keine Tür, nur einen Vorhang, die Decke, mit Plastiktuch abgehängt, hält kaum die Mücken, dafür aber die frische Luft fern. Ein Kind weint stundenlang, wird erst getröstet, dann geschlagen; gelegentlich erschrecken mich Eselschreie, der Urheber muss direkt draußen vor meinem Zimmer angebunden sein, irgend-wann nachts, als alles einigermaßen ruhig ist, stellt mein Zimmernachbar sein Radio an. Ich nehme das Reisetagebuch zur Hand und mache mir Notizen ...

Tivaouane

In Tivaouane wohnt mein senegalesischer Freund Cheikh in einem recht großen und einigermaßen komfortablen Haus in einer Lehrer-Wohngemeinschaft mit drei Kollegen zusammen. Sie werden von zwei Haushälterinnen versorgt, Khady, die ältere, ist für das Kochen zuständig, Fatou, kaum 20, für alle anderen anfallenden Hausarbeiten. Die Stimmung ist locker, man sitzt oft im Hof unter dem Mangobaum, plaudert, isst mit den Hausmädchen zusammen, verbringt den Abend gemeinsam, lacht viel.

Verlässt man den ummauerten Hof durch das Eisentor, schaut man auf die Häuser der gegenüberliegenden Seite der Sandstraße in knapp 30 m Entfernung. Dazwischen verläuft das ungesicherte Bahngleis, über das vor einiger Zeit noch Personenzüge fuhren, jetzt nur noch der Güterzug nach und von Taiba, wo Kalziumphosphate abgebaut werden. "Batal Taiba", der vom Gipsstaub weiß bedeckte Zug, fährt etwa zweimal am Tag langsam vorbei und macht mit durchdringendem Pfeifen auf sich aufmerksam. Er bringt Schwefel nach Taiba und Phosphorsäure nach Dakar, wo diese überwiegend nach Indien verschifft wird. Das Abfallprodukt Gips wird zur Zementfabrik gefahren. Nachts fährt der Zug ebenfalls durch den Ort; im Halbschlaf nehme ich das gleichmäßige Rattern ebenso wie ein leichtes Beben des Bodens wahr, und wie ein Déjà-vu tauchen Bilder aus Kindheitsträumen auf, in denen vor meinem Elternhaus gleislos Bahnen fuhren.

Hier in Tivaouane erlebe ich zum ersten Mal bewusst die Talibés, die bettelnden Kinder mit ihren Tomatendosen am Band über der Schulter. Überall in den Städten Senegals sind sie anzutreffen, allein oder in kleinen Gruppen, abgerissene, verlorene kleine Gestalten, die ihre Bettelsprüche an den Taxiständen, am Markt, an belebten Stellen des Ortes aufsagen und ein Almosen erwarten. Das Geld müssen sie an den Marabout* weitergeben, der oft eine bestimmte Summe pro Tag vom Talibé-Schüler verlangt und auch schon mal mit Prügel reagieren kann, wenn seine finanziellen Erwartungen nicht erfüllt werden. Er bringt ihnen arabische Koranverse bei, die sie auswendig lernen müssen, ohne zu wissen, was sie hersagen. [1]

Wir sitzen gemütlich nach dem Abendessen zusammen, als es ans Hoftor pocht. Zwei barfüßige Jungen werden eingelassen; sie kommen schüchtern näher, lassen sich von Khady die Reste des Abendessens in die typischen Tomatendosen kippen, murmeln etwas und sind schon wieder draußen. Auf meine Frage erklärt mir Cheikh, dass die beiden oder auch andere jeden Abend kommen und die Essensreste abholen. Manchmal müssen sie vor dem Haus warten, bis die Mahlzeit beendet ist, manchmal bleibt auch nichts übrig. Und was dann? frage ich. Dann bekommen sie einige Zuckerstücke oder eine Handvoll Reis oder ein Stück Brot. Eine Kleinigkeit bekommen sie immer. Da sie verschiedene Häuser aufsuchen, gewissermaßen eine feste Route haben, bekommen sie in der Regel genug, oft auch mehr, als sie alleine essen können. Den Überschuss teilen sie mit ihren Kollegen. Ich bin einerseits bestürzt über die bettelnden Kinder, die dann wohl ein unappetitliches Gemisch von Essensresten in ihren Blechdosen nach Hause bringen; als sinnvolle Verwertung der Reste einer Mahlzeit finde ich dieses Verfahren andererseits gut; nichts von den Nahrungsmitteln muss weggeworfen werden. –

Als ich zwei Wochen später mittags in der Mensa meiner Gesamtschule Aufsicht führe, sehe ich mit anderen Augen, wie die Schüler im Alter der Talibés ihre Pizzen nach drei Bissen liegen lassen, wie die Kinder achtlos Essensreste in den Papiermüll kippen oder Papier in den Behälter für Essensreste werfen. Meine Reaktionen auf diese Gleichgültigkeit im

Umgang mit den Nahrungsmitteln sind einige Zeit konsequenter als sonst, und ich bedauere es, dass ein Bewusstsein für den Wert von Nahrungsmitteln bei den Schülern und Schülerinnen nicht existiert und auch nicht gefördert wird. –

Tivaouane ist wie Touba eine "heilige Stadt". Hier sind die Tidijanen zu Hause, die größte Bruderschaft Senegals, die ihre Verbreitung El Hadj Malick Sy verdankt, der sich zu Beginn des letzten Jahrhunderts in Tivaouane niederließ. Die Stadt wurde zum Zentrum der Lehre des Sidi Ahmed Tidjani (1737 - 1815), zu der sich nach einer Volkszählung von 2002 fast die Hälfte der senegalesischen Bevölkerung bekennt. [2]

Alle hundert Meter geht man an einer Moschee vorbei, die Marabouts bestimmen stark das öffentliche Leben. Jedes Jahr findet eine große Wallfahrt nach Tivaouane statt, der Gamou; die kleine Stadt platzt dann aus allen Nähten, jedes Haus, jedes Zimmer ist doppelt und dreifach belegt. Regelmäßig bricht die Wasserversorgung zusammen, die Abfälle multiplizieren sich. Tivaouane und mehr noch Touba sind in den Wallfahrtszeiten ideale Verbreitungsorte für Krankheiten, vor allem für die Cholera. Trotz entsprechender Warnungen vor und während der unkontrollierten Massenzuläufe berichten die Medien immer wieder von Krankheits- und Todesfällen.

Dass es offiziell keinen Alkohol in Tivaouane gibt, versteht sich von selbst. Wer trotzdem Bier trinken will, sucht im Schutz der Dunkelheit eine christliche Familie auf, die hinter Mauern im Hof das unheilige Getränk verkauft, Plastikbeutel für den heimlichen Transport inklusive. Diese clandestinen Verkaufsstellen zu finden, ist nicht einfach; man muss sich lange durchfragen, da niemand gerne zugibt, über den Alkoholverkauf informiert zu sein.

In Tivaouane sind die innerörtlichen Verkehrsmittel die Charettes, kleine Pferdewagen mit Glöckchen, die für wenig Geld durch die Gassen und Straßen fahren. Das hat etwas Gemütliches, Nostalgisches. Manche sind mit bunten Aufklebern versehen oder mit Sprüchen bemalt, eine Charette hatte als Dekoration ein Freiburger Autokennzeichen.

Am heutigen Abend bereitet man sich in Tivaouane auf die Mondfinsternis vor. Eine eigenartige Stimmung liegt am frühen Abend über der Stadt. Die Menschen sind geschäftig und auf freudige Weise unruhig; die kleinen Moscheen haben guten Zulauf, vereinzelt hört man einen leisen, monotonen Gesang. Mondfinsternis, ein sachlicher Begriff, der bei mir, dem europäischen Touristen, das präzise Bild einer Konstellation von Sonne, Erde und Mond hervorruft. Im Senegal mag dieses Bild auch in den Köpfen der Menschen sein, überlagert wird es heute von einer anderen bildlichen Vorstellung: Der Mond ist im Gefängnis. Diese Worte höre ich wiederholt im Gespräch mit den Menschen über das anstehende Phänomen. Der Mond ist gefangen; die Sünden der Menschen haben ihn von seinem Weg abgebracht, da habe Gott ihn gefangen genommen, erfahre ich auf meine Fragen hin. Nun müssen die gläubigen Muslime mit Gebeten und Gesängen um Verzeihung bitten und helfen, den Mond aus seiner prekären Lage zu befreien. Von anderen höre ich als Erklärung für die Mondfinsternis, dass Allah von Zeit zu Zeit seine Macht und Größe zeigen und sich als Herr über die Natur manifestieren wolle.

Schon lange vor der Mondfinsternis, die nur wenige Minuten dauern wird, ist in der kleinen Stadt fast jeder auf den Beinen. Die Männer versammeln sich nach und nach in den Moscheen, und die Straßen werden mit Einbruch der Dunkelheit voller und voller. Stühle und Bänke werden herausgestellt, man sitzt oder steht in Grüppchen zusammen, unterhält sich, isst und trinkt dabei – ein Straßenfest, an dem der ganze Ort teilnimmt.

Eine erwartungsvolle Stimmung umfasst die Menschen, und der monotone Gesang aus den Moscheen wird allmählich lauter, überlagert die Gespräche, zieht durch die Straßen, erfüllt das Viertel. Die rauen Stimmen der Männer wiederholen in kurzen Abständen die Gebetsstrophe, die Melodie setzt sich im Kopf fest, und wenig fehlt, dass auch ich in die Trance gerate, in die sich die Männer in der Moschee hineingesungen haben. Nach Wochen noch ist mir dieser Singsang diffus im Gedächtnis.

Ich frage in der Gruppe der Nachbarn, ob der Gesang denn auch wirklich helfe. Eifriges Kopfnicken und die Bemerkung, ich werde schon sehen, bisher hätten Gesang und Gebete immer geholfen, machen mir klar, wie schief ich meine Frage gestellt habe. Während der kurzen Phase der Mondverdunkelung schwillt der monotone Gesang aus den Moscheen noch einmal an, bei den Menschen in den Straßen ist eine verhaltene Spannung spürbar, die Blicke sind nach oben gerichtet, die Gespräche werden leiser. Und dann taucht am dunklen Himmel ein kleines weißliches Licht auf, wird schnell größer, und vom Beifall und Lachen der Menschen begleitet, kommt der Mond aus seinem kurzzeitigen Gefängnis hervor, strahlt, scheinbar heller als zuvor, auf die hilfsbereiten Menschen herab, die sich allmählich von den Straßen in die Häuser und zur Nachtruhe begeben.

(1) Gordian Troeller hat die Situation dieser Kinder, die oft einfach Straßenkinder sind, sehr kritisch im Film "Ihre Zukunft ist ihre Vergangenheit" (1996) beschrieben. Filmauszug auf: http://www.youtube.com/watch?v=xll8FvlYclU Der ganze Film ist erhältlich per Download auf: http://www.download-films.de/?session=Jijnv88P6orv3uDTxNFbWeNMZkCGAj&film=233

(2) Zur Bedeutung der Bruderschaften im Senegal vgl. den Artikel von Boubacar Boris Diop, "Islamismus - Ursprung oder Ende der kulturellen Identität?" in der "Neue Züricher Zeitung" vom 14.10 1996

Besuch beim Heiler

"Heute machen wir einen Besuch beim Marabout*", mehr wollte Cheikh mir nicht sagen, und am späten Morgen geht es von Diakhao aus mit der Charette über das flache Land in das winzige Dorf Ndiamsil, etwa sieben Kilometer entfernt. Cheikh und Semou, der Charetteführer, kennen sich aus, finden gleich die Hütte im Zentrum des Örtchens und gehen, nach einem kurzen Wortgeplänkel, etwas dreist an der wartenden Kundschaft vorbei zum "Behandlungsraum" des Marabout. Dieser soll neben seinen Heilfähigkeiten, soviel hatte mir Cheikh unterwegs doch verraten, auch die Fähigkeit haben, in die Zukunft zu sehen. Keine zwei Minuten warten wir, bis jemand aus dem "Behandlungszimmer" herauskommt, dann sind wir an der Reihe.

Die Sandalen bleiben draußen, drinnen sitzt Abdoulaye Fall, der weise Mann, auf einer Plastikmatte, zwei dicke Hefte und den Koran neben sich, auch einige andere Utensilien. Etwa 70 bis 75 Jahre ist er alt, trägt eine große alte Hornbrille, scheint mit dem ausgestreckten linken Bein Schwierigkeiten zu haben, das er von Zeit zu Zeit mit beiden Händen ergreift und leicht zurechtrückt. Er wirkt irgendwie abwesend, fasst die beiden neuen Klienten, die sich vorgedrängt haben, nicht genauer ins Auge, sondern bespricht mit meinem Begleiter auf Serer* die Behandlungs-bedingungen, bevor es zur Sache geht.

Cheikh ist zuerst Klient, ich verfolge aufmerksam, was abläuft. Cheikh muss seinen Namen und den seiner Mutter angeben, Abdoulaye Fall schreibt die Namen auf ein Stück Papier und beginnt eine Kritzelei, die aussieht, als würde er die Buchstaben der Namen in Zahlen umrechnen. Jedenfalls stehen Zahlen am Ende dieses ersten Arbeitsschrittes, und die Zahlen geben wohl Seiten in den beiden dicken Heften an, die nun aufgeschlagen werden. Die Seiten sind in akkurater kleiner Handschrift dreifarbig beschrieben, verschiedene Stellen sind einfach oder doppelt unterstrichen. Zwischendurch blättert der weise Mann auch im Koran. Er liest teils aus den Heften vor, teils löst er sich davon und erzählt frei. Den genauen Zusammenhang zwischen Name, Zahlen, Textstellen kann auch Cheikh später nicht erklären. Ich habe nun Zeit, mir das eigenartige Ambiente anzuschauen, in dem der alte Mann seine Kunst praktiziert. Der kleine Raum ist vollgestellt mit diversen Dingen; ein Bett, vor dem der Heiler auf dem Boden sitzt, und ein Tisch sowie einige Schemel für die Klienten sind als Einrichtungsgegenstände erkennbar. In einer Ecke sind Autoreifen gestapelt, daneben zwei alte Autobatterien, darüber ein verblauter französischer Sportkalender von 1996, auf dem eine leicht bekleidete Frau vor einem Sportwagen posiert und lächelt. Auf der Wand hinter dem Marabout schauen drei ernst blickende Kollegen aus ihren Bilderrahmen. Auf dem Tischchen liegen Zeitungen bzw. Zeitungspapier, darauf ein Kofferradio. Neben dem Bett sehe ich einen weiteren Schemel, auf dem eine kleine Medikamentensammlung von den Leiden des Heilers kündet. Vielleicht sind die Medikamente gegen den Husten des Mannes gedacht, der ihn von Zeit zu Zeit kurz, aber heftig erfasst. Eine weitere Matte lehnt an der Wand, daneben eine abgedeckte Schüssel, wahrscheinlich mit den Resten des Mittagessens, dessen Geruch noch das Zimmer durchzieht. Die Raumwirkung steht in eigenartigem Kontrast zur Nutzung, andererseits unterstreicht die nüchterne, in keiner Beziehung zur speziellen Berufsausübung stehende Einrichtung das Alltagsgeschäft des Guerisseurs*, der mit der Umrechnung von Buchstaben zu Zahlen und der Zuordnung der Zahlen zu Textstellen seine Schicksalsprognosen überschaubar schematisiert hat. Cheikh jedenfalls macht ein zufriedenes Gesicht am Ende der Erläuterungen, und dann bin auch schon ich an der Reihe.

Mit dem Mädchennamen meiner Mutter hat der weise Mann Schwierigkeiten. Da er selbst den Namen aufschreiben muss, um ihn zukunftsfähig umzurechnen, macht ihm das gehörte "Scheibelhuth" mit dem "th" am Ende zu schaffen. Was dann auf dem Zettel steht, sieht, soweit ich es erkennen kann, nicht nach einer korrekten Schreibweise aus, und ich befürchte schon, die Zukunftsaussichten für den Sohn einer anderen Mutter gesagt zu bekommen. Aber was Cheikh mir dann übersetzt, finde ich für mich okay und bestehe nicht auf einer Korrektur der Schreibweise. Ich könne alle meine Sorgen loslassen; Feinde können mir nichts anhaben; ein Engel (dessen Namen Abdoulaye Fall sogar weiß) stehe mir zur Seite; es werde mir bald besser gehen, dafür müsse ich weder umziehen noch den Beruf wechseln; wenn eine Frau in meinem Bekanntenkreis schwanger sei, würde sie einen Jungen gebären; Scherereien mit Frauen würden diese ernster nehmen als ich; Erfolg bei den Frauen sei mir sicher; ein Vermögen warte auf mich; ich hätte ein langes Leben und würde von Gott besonders beachtet. Das hört sich alles prima an, ich bin sehr zufrieden. Der Preis ist gering, ein kurzes Abschiedswort, und schon sind wir wieder draußen im hellen Licht, wo Semou wartet. Beim Verlassen des Hofes beschwert sich einer der Wartenden ärgerlich und irgendwie zu Recht über das Vordrängen; dass ein Toubab dabei ist, scheint eine Rolle zu spielen, höre ich heraus, aber Cheikh mag mir die Tirade nicht übersetzen, ist auch egal, ich lasse alle Sorgen los ...

Wir freuen uns beide über die vielen guten Nachrichten und die schönen Aussichten für so wenig Geld. Vorerst aber holpern wir auf der Ladefläche der Charette durch die karge, mit wenig Gras und einzelnen Baobabs bewachsene Landschaft zurück, der obligatorischen Dusche, einem Mittagschläfchen und natürlich einer glänzenden Zukunft entgegen.

A very small price (Brikama, Craft Market)

Im Craft Market von Brikama (Gambia), einem 900 qm großen Areal von dicht an dicht stehenden kleinen Bretterbuden, bearbeiten und verkaufen an die 60 Holzschnitzer ihre Skulpturen. Alle fertigen die gleichen Objekte an, in unterschiedlichen Größen, leicht variiert: Elefanten, Gazellen, barbusige Frauen, die drei Affen, Schalen, Brieföffner, Schildkröten – alles glänzt stark und hat, von einzelnen Masken abgesehen, erstaunlich wenig Afrikanisches an sich: "airport art", wie man abfällig sagt. Die hölzernen Fruchtbar-keitsstatuetten, die ich vor zwei Jahren als afrikanisches Kunst-handwerk an verschiedenen Ständen registriert hatte, hält jetzt nur noch ein Händler vorrätig, ein staubiges Paar, das er eilfertig poliert, als er meinen Blick darauf fallen sieht.

Es sind immer die gleichen Worte, mit denen die Verkäufer, meist nicht die Handwerker selbst, den weißen Kunden ansprechen: "Come in, my friend, just look, have a look, entrance is free, I make you a very small price." Einige Fragen zum Herkunftsland, zum Aufenthalt in Gambia bereichern das Verkaufsgespräch, wobei auch Floskeln in der Heimatsprache des Touristen einfließen: "Gutte Tak, wie gätt es? Alläsch kla?"

Bei meinem ersten Besuch des Handwerkermarktes wollte ich nur mal so schauen, just for a look, weil da ein Hinweis im Reiseführer stand und ich ein kleines Mitbringsel aus Gambia kaufen wollte; und so erhielt ich hier eine Lektion im Handeln. "I make you a very good price, it's ebony, look" – und er hackte bedenkenlos die Rückseite der Skulptur auf und zeigte mir, was ich gar nicht anders erwartet hatte: Das Holz war dunkel, auch innen. Die kleinen Dosen mit schwarzer Paste, die überall herumstanden, ließen mich aber ahnen, dass meine Erwartung hier nicht selbstverständlich war und seine Überzeugungsarbeit begründet. Das angehackte Stück aber war echt, und als ich es zögernd zurücklegte, wurde mir erklärt, dass dieses Holz aus Mali sei, dass es das in Gambia ja gar nicht gebe, dass es eine von den Masken sei, die die Wochentage darstellen, dass es die gleiche auch in groß gebe und – "I make you a very good, very small price, my friend."

Als ich nun nach dem "very small price" fragte, war ich erstaunt, wie hoch der ausfiel. Das war mir für die kleine Maske zu viel, ich schüttelte den Kopf. "My friend, give me your price, what will you give me?", half mein Gegenüber mir, dem offensichtlich im Handeln ungeübten Weißen, weiter. Ich gab den Preis an, den ich für angemessen hielt, worauf der Verkäufer unverzüglich laut lachte, und sein inzwischen herbeigeeilter Handwerker oder Helfer unterstützte ihn dabei. Sie wandten sich ob meiner lächerlichen Preiszumutung kurz ab, wie um mir Zeit zu geben, etwas verlegen zu werden und in mich zu gehen. Dann erklärten sie mir, dass viel Arbeit in dem Stück stecke und das Holz nicht aus Gambia, sondern aus Mali komme und "real ebony" sei. Und teures Holz. "Come give me a reasonable price." Nein, jetzt war er ja wohl wieder dran, und ich fragte den Verkäufer zuerst nach seinem "reasonable price", dem ich dann leicht entgegenkommen konnte. Nun wiederholte sich alles, das Holz kam aus Mali, war hartes, echtes Ebenholz und teuer ...

Als irgendwann meine Preisgrenze erreicht und nach dem "very last price" keine Einigung erzielt worden war, war das Spiel aus und ich verließ meinen Beinahe-Geschäftspartner; kaum hatte ich aber zehn Schritte getan, hörte ich die vertraute Stimme dicht hinter mir: "My friend, come, give the money." Ach so geht das! Nun war alles ganz einfach, der letzte Preis war akzeptiert, Händler und Helfer machten freundliche Gesichter, waren zufrieden und schlugen mir die Maske in Zeitungspapier ein. Es gab noch einen kleinen Tee, und alles war gut.

Der Elefant von Mbissel

François zu finden ist leicht, jeder im Dorf kennt ihn, sein Haus befindet sich nahe der sakralen Stätte, um die er sich kümmert in Mbissel, einem Dorf in der Nähe von Joal. Einige Menschen sitzen im Hof, warten anscheinend auf François, der zudem als Guerisseur eine kleine Heilpraxis betreibt. Er kommt gleich zu den vier Toubabs heraus und informiert uns über den heiligen Ort mit Hife eines in speckige Folie gesteckten DIN A 4 – Blattes. Auf Nachfragen hat François auch Zeit, uns zum Grab zu führen und die Geschichte vom "Elefanten von Mbissel" zu erzählen. Wir gehen keine 100 Meter zum ummauerten Gelände; ein Durchbruch als Eingang ist mit einer hohen Schwelle versehen, hier darf aber nur hinein, wer kein rotes Kleidungsstück am Leibe hat. Pech für Barbara mit ihrer roten Hose. Ich habe Glück: Rot ist nicht meine Kleiderfarbe, Susanne trägt ebenfalls nichts Rotes, aber Dieter muss sein T-Shirt ausziehen und mit mächtig behaartem nackten Oberkörper den "Elefanten von Mbissel" besuchen. Bevor es wirklich hineingeht, werden wir darauf hingewiesen, dass wir mit dem rechten Fuß zuerst über die Schwelle steigen müssen, das sei Vorschrift, sonst gebe es ein Unglück. Das wollen wir natürlich vermeiden, daher heben wir jeweils brav das rechte Bein an, und schon stehen wir vor der Grabstätte des Mannes, der als "Elefant von Mbissel" in die Geschichte der Serer und die Senegals eingegangen ist.

In der Mitte des umzäunten kleinen Bereichs steht ein Baobab, von François vor 15 Jahren selbst pflanzte. François stellt sich in Pose und erzählt – zum wievielten Male? – die Geschichte des Elefanten von Mbissel [1]:

Der König Meïssa Waly Dione von Gabon in Guinea-Bissau war durch ein Zaubergrisgris* sehr mächtig geworden. Das Grisgris, von dem er sich nie trennte, machte ihn im Kampfe unbesiegbar.

So gewann er alle Schlachten und wurde der mächtigste Herrscher des Landes. Seine Schwester war mit seinem Gegner Soukou Bomba, dem König des Nachbarlandes, verheiratet. Der bewog seine Frau, das Geheimnis der kriegerischen Stärke ihres Bruders zu erkunden. Beim nächsten Besuch bedrängte die Schwester den König so lange mit Fragen nach dem Geheimnis seiner Siege, dass er ihr schließlich von dem machtvollen Grisgris erzählte. In derselben Nacht löste sie das Amulett vom Körper ihres Bruders und begab sich gleich damit zu ihrem Mann. Kaum hatte dieser die Erklärung seiner Frau gehört, legte er das Wunderamulett an, ließ seine Krieger antreten und überfiel seine Nachbarn. Der bestohlene König wusste, dass ein Widerstand gegen den mit der Macht des Grisgris ausgestatteten Schwager sinnlos war. Da verließ er traurig mit seinen Leuten sein Land und machte sich auf den Weg, einen neuen friedlichen Ort zu finden. Nach langen Reisen kam er nach Mbissel im Senegal, wo man ihn freundlich empfing, sodass er sich niederließ und in kurzer Zeit den Ruf eines friedvollen, weisen Mannes erlangte. Er gründete hier das Königreich Sine, dessen erste Hauptstadt Mbissel war.[2] Als er nach einiger Zeit starb – an anderer Stelle heißt es, er sei verschwunden, nur seine Sandalen seien zurückgeblieben und begraben worden – geschahen an seinem Grab Wunder und Heilungen, sodass bald die Menschen aus der Gegend mit ihren Krankheiten und Beschwerden nach Mbissel kamen und am Grab des "Elefanten" auf Erlösung von ihren Leiden hofften. Die Farbe Rot, so sagt François, habe den ehemaligen König an das viele Blut der in den Kriegen Getöteten erinnert, deshalb wollte er die Farbe nicht mehr sehen.

Dieter, den seit längerem Rückenschmerzen quälen, fragt, ob es dagegen auch ein Mittel gebe. Francois stellt ein paar Fragen zu den Schmerzen und schlägt eine Rückenmassage vor. Die kann

Dieter gleich bei der Rückkehr zum Haus des Grabwächters bekommen; die Einheimischen sitzen immer noch wartend herum, sie nehmen es geduldig hin, dass Francois zuerst den Weißen behandelt und sich ihre Wartezeit verlängert. Welche Massagetechnik François anwendet, lässt sich nicht erkennen.

Nach zehn Minuten kommt Dieter etwas schwankend, aber mit weniger Schmerzen aus der Hütte heraus. Es wäre gut, diese Behandlung in der nächsten Woche zu wiederholen, mahnt François beim Abschied, und fordert eine unangemessen hohe Summe für seine halbstündigen Bemühungen. Er ist aber auch mit einem Teil davon zufrieden, der immer noch wesentlich höher liegt als das, was er von seinen wartenden Patienten bekommen wird ...

(1) Ein Film von 2007 auf YouTube gibt die Geschichte als open-air-Spiel in Mbissel wieder. http://www.youtube.com/watch?v=F4DcM7MNVxc

(2) Es soll ein Mann namens Senghor unter den ersten Siedlern um Meïssa Waly Dione gewesen sein; auch deshalb war Staatspräsident Leopold Sedar Senghor von Mbissel und seiner Geschichte sehr angetan. Eines seiner Gedichte trägt den Titel "Elephant de Mbissel", und an der Kultstätte weist eine Tafel auf die Wertschätzung des Präsidenten für den Ort hin.

Fischen mit dem Wurfnetz

Das Netz hatte ich mir in Deutschland über Ebay besorgt, was leichter war, als ich gedacht hatte, und sicherlich leichter als eines im Senegal zu bekommen. Auch Anleitungen hatte ich im Internet gefunden, selbst Videos auf Englisch, aber die einzelnen Schritte der Netzvorbereitung wurden darin unterschiedlich erklärt und nach der Kurzeinführung vor Ort im letzten Jahr wusste ich, dass nichts über eine Live-Vorführung eines erfahrenen und geduldigen einheimischen Fischers geht. Ich hätte beim ersten Versuch gerne länger und alleine geübt, aber das Netz des Fischers wurde gebraucht und eines anfertigen zu lassen, war aufwändig, zeitintensiv und preislich unübersichtlich. Also hatte ich das Projekt "Fischen lernen" inklusive einer angemessenen Ausrüstung auf die nächste Reise verschoben.

Gut 40 Euro hatte das Nylonnetz mit fünf Meter Durchmesser bei einem norddeutschen Händler gekostet, und mit knapp vier Kilo machte es ein Drittel meines Reisegepäcks aus. Doch das Geld war gut investiert; Sadiou, ein Fischer des kleinen Ortes, war sehr angetan vom Mechanismus des Netzes, bei dem sich während des Hochholens aus dem Wasser am Netzrand angebrachte Taschen von unten nach oben zuziehen und den Fischen keine Chance zur Flucht lassen.

So standen wir am Nachmittag bei Flut am Ufer des Flusses, und ich schaute aufmerksam zu, wie Sadiou das Netz vorbereitete. Um auch später den Vorgang rekapitulieren zu können, hielt ich die einzelnen Schritte mit der Kamera fest. [1]

- Die Schlaufe des Seils wird um das rechte Handgelenk gelegt, das Seil in etwa drei Schlingen in die Hand genommen. Der Anfang des Netzes wird in zwei Schlingen dazugenommen.

- Der Netzrand wird an einer beliebigen Stelle in den Mund genommen, das Netz über die Schulter geworfen, und mit der Hand wird nun das Netz von innen aufgefächert und so der korrekte Netzfall kontrolliert. Verwirrungen werden beseitigt, Algen, Blätter etc. herausgenommen.

- Dann streicht die linke Hand das Netz nach unten glatt und die rechte nimmt ein Netzstück als weitere Schlinge auf. Bei diesen Aktionen liegt der bleibesetzte Rand des Netzes locker am Boden auf.

- Mit dem linken Knie wird das Netz ein wenig ausgestellt, und die linke Hand greift von innen mit gespreizten Fingern ins Netz und nimmt so etwa ein gutes Viertel des Gewebes auf .

- Nun ist das Netz wurfbereit, wird vor dem Körper mit beiden Händen getragen bis zur Wurfstelle. Im entscheidenden Augenblick wird er mit einer von rechts hinten ausholenden Bewegung in einer Ebene nach halb links geworfen, wobei der Mund den Netzrand loslässt. Beim gelungenen Wurf öffnet sich das Netz in vollem Umfang kreisförmig.
- Beim Einholen des Netzes zieht sich dieses konstruktionsbedingt von unten zu.

Als genauso wichtig wie das gekonnte Werfen des Netzes stellte sich die Fähigkeit heraus, die Fischschwärme an den kaum wahrnehmbaren Kräuselungen der Wasseroberfläche zu erkennen. Das war bei Wind und unruhigem Wasser für mich als Anfänger schwierig, und ich folgte mit den Augen mehrmals dem zeigenden Finger Sadious, ohne etwas erkennen zu können. Ist eine Schwarmbewegung ausgemacht, muss man sich dieser Stelle auf Wurfweite nähern, möglichst ohne schnelle, abrupte Bewegungen, die die Fische verjagen könnten. Auch auf den Schatten des Netzes reagieren die Fische sofort und fliehen ins offene Wasser. Diese Fluchtbewegungen gilt es in das Wurfziel, die Wurfweite einzubeziehen, d. h. das Netz wird nicht direkt auf die sich kräuselnde Wasserstelle geworfen, sondern etwas davon entfernt in die vermutete Fluchtrichtung der Fische. Das war die dritte und unberechenbarste Schwierigkeit der Lektion "Fischen lernen". Woher sollte ich wissen, in welche Richtung die Fische wegschwimmen würden? Selbst als ich nach zwei Tagen das Netz einigermaßen rund werfen und die Fischbewegungen einigermaßen erkennen konnte, gelang mir kein genauer Wurf über einen Fischschwarm, und nur einzelne Fischchen blieben als Beute bei meinen Übungen im Netz hängen. Es war offensichtlich, dass die Erfahrung hier eine entscheidende Rolle spielte, denn Sadiou gelang es immer mal wieder, ein oder zwei Dutzend Fische einzuholen, und sein Eimer war nach einer Stunde mehr als halb voll. Er war hochzufrieden, ließ im Campement den größten Fisch für mich grillen – er schmeckte nicht besonders gut – und brachte für seine Familie und wohl auch die Nachbarn den Rest als reichliches Abendessen nach Hause.

Als ich am dritten Tag bei Ebbe alleine übte, war der Uferbereich so steil und nachgiebig, dass es unmöglich war, ins Wasser und auf die Fische zuzugehen. Zudem merkte ich, dass das Netz sich in Steinen und großen Holzstücken verhedderte, und so beschränkte ich mich an einer sehr seichten, aber fischlosen Senke darauf, die Technik zu üben. –

Dass die Fische ziemlich klein waren, lag auch daran, dass im nahen mit Mangroven bewachsenen Mündungsbereich des Grenzflusses die Laichplätze und "Kinderstuben" einiger Fischarten liegen. Immer häufiger und intensiver wird auch hier gefischt, da die Fischerpirogen nur noch selten mit ausreichendem Fang von den Fahrten entlang der Küste heimkehren und der handwerkliche Fischfang im Meer die Besatzungen nicht mehr ernähren kann. Viele Fischer geben auf, versuchen sich als Händler oder Bauern. Manche Bootsbesitzer verkaufen ihre Pirogen an Schieber oder versuchen sich selbst mit den für die Hochsee untauglichen Booten als Schlepper von Emigranten, die auf die Kanaren wollen. Das Fischen in den Mangrovenbereichen ist ein verzweifelter letzter Akt einer von der eigenen Regierung im Stich gelassenen, von den europäischen und asiatischen Fangflotten um ihre Lebensgrundlage gebrachten einheimischen Berufsgruppe.

(1) vgl. www.bonjourtoubab.de/fischen.htm

Eine traditionelle Hochzeit

Aufgrund der langjährigen Freundschaft zu Cheikh hatte ich das Glück, zu dessen Hochzeit im Dezember 2005 in seinem Heimatdorf Diakhao, etwa 150 km von Dakar entfernt, eingeladen zu werden. Der Aufenthalt in diesem Dorf wurde zu einem der Höhepunkte meiner zweimonatigen Senegalreise.

Die Serer sind nach den Wolof die zweitstärkste Ethnie im Senegal; ihr traditionelles Herkunftsgebiet ist das Sine-Saloum-Delta und das Erdnussbecken um Kaolack. Kahone und Diakhao sind die alten Herrscherstädte der Könige von Sine und Saloum, an die heute außer einigen Gräbern und Geschichten nur noch wenig erinnert. Immerhin reichte die traditionelle Bedeutung von Diakhao aus, um unmittelbar nach der Unabhängigkeit von Frankreich 1960 das große Dorf mit Elektrizität zu versorgen; die Leitung musste 16 km über Land von der nächsten Stadt über die Piste verlegt werden. Sicher spielte hierbei eine Rolle, dass der erste Präsident von Senegal, Leopold Seghar Senghor, der Ethnie der Serer entstammte.

2005 ist Diakhao ein Dorf von etwa 3500 Einwohnern, zwar mit Strom und Telefon, aber noch ohne Teerstraße, Tankstelle, Bäckerei, Internetcafe; das Leben verläuft langsam, Arbeit gibt es kaum; wer als Jugendlicher die Chance hat, aus dem Dorf herauszukommen, nimmt diese wahr und sucht sich eine Arbeit in einer der großen Städte. –

Als ich am Freitag vom nächsten größeren Ort mit den "öffentlichen Verkehrsmitteln" über die Piste nach Diakhao fahre, fallen mir schon im Buschtaxi die festlich gekleideten Frauen mit Geschenkpaketen auf, die zu diesem Ereignis teils von weit her angereist kommen. Vor Ort zeigt sich, dass nahezu das ganze Dorf an diesem dreitägigen Fest teilnimmt.

Ein einstimmender Tanz- und Trommelabend ist am Freitag im Hof der Brauteltern angesetzt und primär den Frauen vorbehalten, die während der Dauer der Feier deutlich aktiver sind und offensichtlich den meisten Spaß haben.

Eine dreiköpfige Trommelgruppe spielt die Rhythmen, zu denen die Frauen einzeln, zu zweit oder zu dritt mit schnellen Bewegungen tanzen, manchmal etwas "zappelig", immer erstaunlich dem mir oft unklaren Takt angepasst, besonders bei den Schlussphasen, in denen Tänzerinnen und Trommler oft ein plötzliches gemeinsames Ende finden.

Die Bewegungen sind teils deutlich erotisch, anzüglich, gerade das scheint bei den Zuschauerinnen anzukommen und wird mit Applaus belohnt. Die Tänzerinnen laufen nach den Soli meist kichernd und fast verschämt zu ihren Plätzen und Freundinnen zurück und warten mit strahlenden Gesichtern auf den nächsten Einsatz.

Der nächste Tag beginnt gemächlich; es treffen im Hof des Bräutigams Gäste ein, verschwinden wieder; am Nachmittag taucht eine kleine Frauentanzgruppe auf, die eine "Performance" hinlegt und gleich zu Ehren des weißen Gastes eine Zugabe mit Lobgesang anstimmt, für die aber auch ein Obolus erwartet wird. Gleiches gilt für den Griot*, der schon am Abend des Vortages aufgetaucht war und nun wieder mit seiner Sprechtrommel im Hof steht, nicht recht beachtet wird, und auch beim weißen Gast mit einer schnell gebastelten Eloge einen kleinen Verdienst mitnehmen möchte.

Da die muslimische Hochzeitsgesellschaft ganz ohne Alkohol auskommt, mache ich mit einem liberalen Hochzeitsgast am frühen Abend einen kleinen Abstecher zur einzigen "Bar" im Ort, wo es das Hirsebier "Gazelle"*, die schwächere der beiden im Senegal verbreiteten Biersorten, zu kaufen gibt. Als die

Dunkelheit hereinbricht, ist es soweit, dass der wichtigste Teil der Hochzeitsfeier beginnen kann, der Empfang.

Der Empfang

Der Empfang – la reception – findet ohne den Bräutigam am Abend im Hof des größten Anwesens des Dorfes statt; es ist der Abend der Braut. In stundenlanger Arbeit wurde sie von Kopf bis Fuß gestylt, vor allem die Haartracht ist ein Meisterwerk. Ihre Ankunft wird für die Kamera etwas verzögert. Mehrere Minuten sitzt die Braut bei geöffneter Wagentür und lässt sich bewundern und fotografieren. Die hohe Frisur, die langen Fingernägel und das helle, glänzende Kleid machen sie zum optischen Mittelpunkt der Gesellschaft.

In Hufeisenform sitzen die festlich gekleideten Frauen mit ihren Geschenken im Hof, an der offenen Seite steht ein Tisch, hinter dem die Ehrengäste sitzen. Vor dem Tisch empfängt die Braut nun die Gäste einzeln, flankiert von zwei jungen Frauen in silbern glänzenden Gewändern. Erhellt wird die Szene vom grellen Licht einer Kameraleuchte, das immer wieder unstet umherschweift, gelegentlich auch mal ausfällt. Die in geordneter Reihenfolge nach vorne kommenden Gäste küssen die Braut und übergeben ihr das Geschenk. Diese legt es auf den Tisch hinter sich, von wo es unauffällige Helferhände geschickt in einen großen Plastiksack fallen lassen, von dem mehrere bereit liegen. Dann gibt es Küsschen und eine Pose – "Braut mit Gast" – für den Fotografen. Der ist, nach der Braut und zusammen mit dem Kameramann, die wichtigste Person an diesem Abend. Von jedem Gast macht er ein Foto oder auch zwei, wird in der Nacht noch ins Labor nach Diourbel fahren, dort im Labor die Fotos entwickeln und vergrößern, sie in der richtigen Reihenfolge ins vorbereitete Album einfügen, mit dem er dann früh am nächsten

Morgen das Brautpaar erfreuen und sein nicht geringes Honorar kassieren wird.

Das Hochzeitsalbum ist ein wichtiges Kleinod; es dokumentiert umfangreich diesen aufwändigen und besonderen Tag im Leben der Frau; in den nächsten Wochen und Monaten wird kein Gast im Hause der Braut an der Kenntnisnahme des Albums – meistens sind es mehrere – vorbeikommen. Es wird ihm ungefragt auf den Schoß gelegt und beim Blättern wird dies und jenes kommentiert. Die Fotos sind mitunter eigenartig, da bei der Vielzahl der Aufnahmen nicht immer der geeignetste Moment gefunden werden konnte. Auch können sich viele Gäste nicht so gut oder so schnell auf die Fotosituation einstellen. Geschlossene Augen, seltsam abwesende Blicke oder bizarre Gesten finden sich auf vielen Bildern.

Bei den etwa 200 Gästen dauert der Empfang mehr als zwei Stunden; zwischendurch werden auf großen Tabletts Imbisshappen gereicht, dazu gibt es Cola oder Fanta. Mancher der Gäste nutzt die Gelegenheit, eine lustige Einlage zu bringen, mit Tanzschritten oder witzigen Bewegungen seinen Auf- oder Abtritt zu bereichern.

Die Atmosphäre ist angenehm entspannt und heiter, durch die Gitter des Hofes schaut das halbe Dorf dem Empfang zu. Als die wichtigsten Gäste ihre Glückwünsche und Geschenke abgegeben haben, kommen die folgenden nun auch zu zweit, zu dritt oder in kleinen Gruppen zur Braut und zum Fotografen. Das Ritual lockert sich mehr und mehr, in die Zuschauer kommt Bewegung, endlich legt ein DJ Musik auf, die Braut macht mit einem Freund des Bräutigams den Anfang einer Tanzsession, in die sich schnell weitere Paare und Einzeltänzerinnen einfinden. Diese knappe Stunde Tanz ist die letzte Phase des Abends. Der Empfang geht dem Ende zu, die Gäste verstreuen sich allmählich, Kinder und Jugendliche kommen dazu, trinken halbleere Fantaflaschen auf. Fotograf und Kameramann sind schon weg, alle Geschenke in den großen Säcken verpackt, dann fährt der geschmückte Citroen vor, und auch die Braut und ihre Helferinnen machen sich auf den Heimweg.

Die Entlassung

Früh am Morgen beginnt im Hof des Elternhauses der Braut die Entlassung. Alle ihre Familienangehörigen haben sich dort versammelt, eine Trommelgruppe spielt, und endlich wird die Braut mit ihrer Schwester aus dem Haus auf den Hof geführt.

Auf einem bereitgelegten Teppich im sandigen Hof nehmen sie Platz, über beide wird eine helle Decke gelegt. Nun beginnt eine Zeremonie, bei der die männlichen Familienangehörigen, aber auch der Imam des Dorfes und andere der Familie nahe stehende Personen Reden halten. Jeder lobt die Braut und ihre guten Eigenschaften, bedauert den Verlust für die Familie und gibt der Tochter des Hauses gute Ratschläge mit auf den Weg in ihr neues Leben als Ehefrau. Kurze Pausen zwischen den Ansprachen bei dieser etwa 90 Minuten dauernden Zeremonie werden durch Trommeleinsätze akzentuiert.

Wie beim Empfang am Vortag spielt auch jetzt der Bräutigam keine Rolle, ja er nimmt an diesem Ritual nicht einmal teil. Seine Stellvertreter warten geduldig im Hintergrund auf ihren Auftritt. Der kommt, als alles gesagt worden ist und die Braut nun das elterliche Haus verlassen muss. Die Stellvertreter des Bräutigams, sein Bruder, zwei Freunde, ein Nachbar, müssen nach kurzer Verhandlung ein "Lösegeld" für die Braut bezahlen, dann können sie diese, immer noch unter der Decke, hinaustragen.

Am Ausgang nutzt die Brautfamilie die letzte Gelegenheit, noch einmal einen Zuschlag zum "Lösegeld" zu erhandeln, bevor der Weg freigegeben und die Tochter in den vor dem Eingang wartenden Wagen verfrachtet wird. Unter lautem Gehupe wird die Braut nun zuerst durch das Dorf gefahren und dann zum Haus ihres Mannes, das sich gerade 50 Meter entfernt, schräg gegenüber von ihrem Elternhaus, befindet.

Ankunft im Haus des Bräutigams

Der geschmückte Citroen hält vor dem Haus des Bräutigams, wo Reis und Wasser über die Braut verteilt werden als Symbole für Glück und Wohlergehen. Die "Überführung" endet im Haus des Bräutigams, das nun auch ihres ist und in dem sie gemeinsam mit ihm und seiner Familie wohnen wird.

Hier endlich ist auch der Bräutigam anwesend; das Paar wartet im Kreis einiger naher Freunde auf die wichtige Zeremonie, die mit dem Hereintragen einer Schüssel Hirsebrei beginnt. Diese wird vor das Brautpaar auf den Boden gestellt; nun muss der Bräutigam seine Autorität unter Beweis stellen und als erster aus der Schüssel essen, natürlich mit den Händen. Aus dem kurzen Gerangel lässt die Braut ihren Angetrauten als Sieger hervorgehen; ein zufriedenes Lachen der Anwesenden quittiert dieses spielerisch anmutende, den Traditionen der Serer folgende Ritual. Damit ist die "Rangfolge" geklärt: wer zuerst isst, hat im Haus das Sagen.

Das Elternhaus des Bräutigams verfügt über drei Zimmer; ein Zwei-Zimmer-Anbau für das Paar ist im Rohbau fertig. Im Senegal wird von Privatleuten gebaut, soweit das Geld reicht, dann ruht die Arbeit mehr oder weniger lange, bis wieder Geld für eine weitere Bauphase vorhanden ist. Das kann manchmal sehr lange dauern.

Die Zimmer im Haus sind nicht funktional definiert, d. h. es gibt nicht das Wohn-, Ess-, Schlafzimmer, zumindest nicht in den einfachen Familien. Das Bett im Zimmer dient zugleich als Sitzgelegenheit, und es lässt genug Platz, dass dort auch gegessen werden kann. Wer über einen Salon verfügt, einen Empfangsbereich mit Sitzgruppe und Fernseher, gehört schon zu den Besserstehenden.

Nachts wird zu mehreren in dem Bett geschlafen, aber auch auf Matten, die am Abend in den Zimmern ausgerollt werden. Die wenigen Räume und die meist große Anzahl von Familienmitgliedern machen eine Privatsphäre nach westlichen Vorstellungen nahezu unmöglich. Einen Raum für sich zu haben, ist nicht nur Luxus, sondern nicht recht vereinbar mit der vorherrschenden Lebensweise der Großfamilien. Man ist immer mit anderen zusammen, das Bedürfnis, eine Privatsphäre zu haben, in die man sich zurückzieht, ist kaum entwickelt; allein zu sein wird eher vermieden, wer allein ist, wird bedauert oder bekommt Besuch oder Begleitung. Im Drei-Zimmer-Haus hier wohnen ständig sieben Personen, wenn Besuch kommt, mitunter doppelt so viele.

Das Fest geht weiter

Der neben dem Haus angebundene Stier darf noch ein wenig länger leben als vorgesehen. Die Leiterin der Frauentanzgruppe, die für die Zeremonie vor dem Schlachten unbedingt nötig ist, hat sich an diesem Morgen verspätet. Inzwischen richten die Männer den Stier her: er wird an Vorder- und Hinterbeinen mit Stricken festgebunden und auf die Seite geworfen; die Bindungen werden gestrafft und miteinander verzurrt. Das Tier liegt in der Sonne erstaunlich ruhig, bäumt sich nur gelegentlich kurz auf, soweit es die Stricke zulassen. Vor dem Kopf wird im Sand eine kleine Kuhle ausgestochen, in die das Blut fließen wird. Endlich kommt die Leiterin der Zeremonie, die noch bei einer Geburt zu helfen hatte, und um den Stier herum beginnt ein Tanz, der immer lebhafter wird. Nah um das Tier stampfen die Füße der Frauen, lassen den Sand spritzen. Soviel Bewegung und Lebensfreude dicht neben dem todgeweihten Tier bilden einen eigenartigen Kontrast. Eine Gruppe von Zuschauern formt einen zweiten dichten Kreis; von außen ist vom Stier schon nichts mehr zu sehen.

Das folgende Schlachten geht schnell; geübte Hände schneiden dem Stier mit einem scharfen Messer die Kehle durch; es dauert einige Minuten, bis die Zuckungen aufhören und das sprudelnde Blut zu einem tropfenden Rinnsal geworden ist. Mehrere Männer legen Hand an und nehmen das Tier in kürzester Zeit auseinander; die Kinder schauen interessiert zu. Enorme Töpfe auf der anderen Seite des Hofes warten schon auf das Fleisch, das für viele Gäste bestimmt ist. Nach einer Stunde weist nur noch ein dunkler Fleck auf die Stelle hin, wo das große Tier sein Leben gelassen hat.

In den Hof kommen kurze Zeit später zwei beladene Eselskarren gefahren und bringen die Geschenke, die der Tradition nach der Bräutigam an die weiblichen Verwandten und Freundinnen der Braut zu verschenken hat – wieder eine Zeremonie, die allein die Frauen angeht. Die Männer sitzen abseits in einer anderen Ecke des Hofes, wo sie gerade nebenbei noch eine Ziege geschlachtet haben, damit auch wirklich genug Fleisch für alle da ist.

Die Frauen sind den Nachmittag damit beschäftigt, die einzelnen Posten – Körbe, Töpfe, Schüsseln, Stoffe, Glaswaren, diverse andere Haushaltsgegenstände – unter viel Palaver "an die Frau" zu bringen. Nach welchen Gesichtspunkten das geschieht, ist für mich nicht nachvollziehbar. Alle scheinen aber ausreichend versorgt zu werden, sind zufrieden und haben Spaß an den Griots und Trommlern, die diesen auktionsartigen Vorgang begleiten mit Gesang, kurzen Reden und Scherzworten.

Das Essen findet an verschiedenen Stellen statt, getrennt nach Geschlechtern und Gästegruppen. Ich gehöre zur privilegierten Gruppe, die im kleinen Kreis mit dem Bräutigam die besten Portionen essen darf. Für den Gast, vor allem den Fremden, wird bei diesen Essen "à la natte", auf einer Matte am Boden, gut gesorgt. Das Fleisch auf dem großen Teller, von dem alle essen, wird zerpflückt, dem Gast werden die besten Brocken zugeteilt, und ständig ergeht die Aufforderung, "du musst essen", "aber iss doch" oder die Feststellung "du isst ja gar nicht" – egal, wie viel ich schon gegessen habe. Auch die in der Landessprache gelernten Worte "ich bin satt", "es hat gut geschmeckt" schützen mich nicht vor diesen gut gemeinten und zur Gastgeberhöflichkeit gehörenden Hinweisen.

Am späten Nachmittag verabschieden sich die ersten Gäste, vor allem die, die einen weiten Weg nach Hause haben. Die Buschtaxis von hier zu den nächsten größeren Orten in 16 – 20 km Entfernung verkehren unregelmäßig, mit längeren Wartezeiten muss man rechnen, und kaum einer hat ein eigenes Auto, wie der Bruder der Braut, der als Arzt in Dakar arbeitet. Wie auch an den vorausgegangenen Tagen werde ich gebeten, von einzelnen oder kleinen Gruppen Fotos zu machen, was ich gerne tue mit dem Versprechen, diese später über meinen Freund den Gästen zukommen zu lassen.
Für mich bleibt Zeit, mit Lamine, dem Neffen des Bräutigams und Junglehrer weit ab im Busch, einen Gang durchs Dorf zu machen und die Königsgräber anzusehen. Auf dem ehemaligen Anwesen der Könige von Sine wohnen noch Nachfahren des letzten, in den 50er Jahren gestorbenen Königs. Ein Privatraum, mit Bildern der Königsfamilie geschmückt, ist auf Anfrage zu besichtigen. Auch einige Grabstellen, unterschiedlich gut erhalten, liegen auf dem Gelände verstreut. Die Begräbnisstätte

von Coumba Ndofène (1897 – 1929) ist vor wenigen Jahren mit einem Grabhaus versehen worden, eine Ehrung, die auf seine wichtige Rolle als Fürsprecher von Amadou Bamba zurückgeht, des Gründers der einflussreichen Mouriden-Bruderschaft im Senegal. Die anderen Gräber sind z. T. sehr vernachlässigt. Es existiert im Dorf und bei den Serer allgemein zwar eine ausgeprägte orale Erinnerungskultur, doch für alles, was darüber hinausgeht, wie z. B. ein Infozentrum zur Geschichte der Könige von Sine oder eine Pflege der Stätte, fehlt das Geld und die Initiative. Immerhin gibt eine noch lebende Tochter des letzten Königs gegen ein geringes Entgelt gerne Auskunft über ihren Vater und die Bilder an den Wänden des Wohnzimmers.

Am nächsten Morgen ist für die meisten auswärtigen Gäste der Aufbruch angesagt. Die ersten Buschtaxis am frühen Morgen sind bald voll, nicht alle Abreisenden kommen mit. Ich habe das Glück, mit dem Bruder der Braut in dessen Wagen zum nächsten Busbahnhof mitfahren zu können. Lamine, von dem ich mich am Morgen verabschiede, hat eine zweitägige Fahrt vor sich bis zu seinem Dienstort an der malischen Grenze, mitten im Busch. Er ist unglücklich, zurück in dieses Nest zu müssen, au bout du monde.

Für mich geht die Fahrt weiter in den Süden Senegals, in die Casamance, was immerhin auch einen ganzen Tag dauern wird. Doch dort erwarten mich einige angenehme Tage am Strand in einem sympathischen kleinen Küstenort nahe der gambischen Grenze.

Tabaski in Diakhao

Tabaski oder Hammelfest, das bedeutendste Fest im islamischen Jahr in Westafrika, kündigt sich im öffentlichen Leben schon eine lange Zeit vorher an. Wer sich als Reisender um Tabaski etwas länger in Westafrika aufhält, wird zuerst die zunehmende Anzahl der Schafe bemerken. Die kleinen und großen Viehmärkte werden mehr und mehr von den Schafsverkäufern beherrscht, die teils mit ihren Herden von weit her kommen. Wer mit dem Buschtaxi reist, wird immer öfter sehen, wie die Tiere, bewegungsunfähig verschnürt, auf dem Autodach festgebunden werden, oft zusätzlich in Säcke gesteckt, die nicht nur sie, sondern vor allem die Fahrgäste schützen vor ihren Absonderungen. Beim Nachbarn ist der weiße Hammel schon vor einigen Wochen eingezogen, als die Preise noch normal waren, und er wird nun bis zum Fest auf der Terrasse oder in einer Ecke des Hauses gepflegt und fett gefüttert. Schön fett soll er sein für das Opferfest.

Das Hammelfest wird 40 Tage nach dem Ende des Ramadan gefeiert, trotzdem kann es über die Festlegung des Datums je nach Bruderschaft und Interpretation leicht abweichende Meinungen geben. Je näher Tabaski rückt, umso stärker steigen die Preise für Schafsböcke; manche arme Familie muss sich Geld leihen oder gar auf den Kauf eines Hammels verzichten. Wer die Möglichkeit hat, jetzt noch etwas Geld aufzutreiben, wird dies tun: es werden Schulden eingetrieben, zusätzliche Arbeit wird angenommen, Waren werden günstiger verkauft, um wenigstens etwas Bares in der Hand zu haben.

Das Hammelfest ist wie das Weihnachtsfest der Christen ein Fest der Familie. Daher versucht jeder, an diesem Tag zu Hause, bei der Familie, an seinem Heimatort zu sein. An den zwei, drei Tagen vor Tabaski scheint die halbe Bevölkerung Senegals unterwegs zu sein; die Buschtaxis sind überfüllt, die Wartezeiten an Fähren und Grenzstellen werden noch länger.

In dieser unruhigen, lebhaften Atmosphäre zeigt sich ein weiteres Indiz für Tabaski: die steigende Kleinkriminalität. Das noch fehlende Geld für den Schafsbock besorgt sich der eine oder andere beim Nebenmann, ohne dass der das mitbekommt. Auch der unbedarfte Toubab kann in dieser Zeit eher Opfer einer Übervorteilung oder, in einschlägigen Touristenbereichen, auch einer erzwungenen Abgabe seines Bargeldes werden.

Zum Tabaskifest gehören auch die neuen Kleider, in denen sich die Frauen und Kinder stolz zeigen. Für die Schneider ist wochenlang vorher Hochsaison; Tag und Nacht schnurren die Nähmaschinen, niemals im Jahr gibt es so viele Aufträge wie in der Zeit vor Tabaski.

Das Fest in Diakhao beginnt am Vormittag mit einem Gang zur Moschee. Es sind ganz überwiegend Männer und Kinder mit neuen bunten und glänzenden Boubous, die ins Auge fallen. Nach den Gebeten und der Lesung des Imams begrüßt man sich und bittet einander um Vergebung für das im Jahr mit oder ohne Wissen zugefügte Unrecht bzw. vergibt dieses: "Baalma – Banaale" hört man überall. Jeder scheint mit jedem kurz ins Gespräch zu kommen, die Stimmung ist freundlich, gelöst und scheint das ganze Dorf zu umfassen. Allmählich lösen sich die Grüppchen auf, man geht in Richtung eigenes Gehöft, wo nun der wichtige Teil des Festes, die Schlachtung des Hammels, ansteht. Dies ist Aufgabe des Familienvorstandes bzw seines Stellvertreters. Eine kleine Kuhle wird in den Sand gegraben, der gefesselte Hammel von drei Männern geschickt mit der Kehle über der Grube platziert, dann wird ihm mit einem geschärften Messer die Kehle durchschnitten.

Es dauert mehrere Minuten, bis das kräftige Tier sein letztes Röcheln und die letzten Zuckungen getan hat; die Kinder schauen fasziniert zu. Innerhalb einer Stunde ist das Tier vollständig verarbeitet: Kopf, Schwanz, Hoden sind abgeschnitten, die Haut abgezogen, Magen und Darm werden vergraben, der Rest wird in handliche Stücke gehauen und gleich den Frauen zum Zubereiten weitergegeben. Diese sind schon vorher beschäftigt gewesen und verteilen nun das Fleisch auf verschiedene Kessel und Pfannen. Nach gar nicht langer Zeit ist die erste, den Männern vorbehaltene Portion fertig, das Hammelherz. Mit Zwiebeln und Pommes serviert schmeckt es köstlich.

An diesem Tag bleibt niemand im Dorf hungrig. Wer selbst keinen Hammel schlachten konnte, wird von der Familie oder den Nachbarn mitversorgt. Man sieht öfter Frauen mit Töpfen über die Straße laufen und in Nachbareingängen verschwinden. Der Verlauf des Tages wird durch das Essen bestimmt, immer wieder heißt es "Viens manger!". Bei den Besuchen in den Hütten der Freunde und Verwandten meines Gastgebers muss hier und da wenigstens ein Bissen genommen werden. Jemanden nicht zum Essen aufzufordern, wenn dieses gerade da ist, gilt in Westafrika als ungehörig. Es ist selbstverständlich, den gerade vorbeikommenden Besucher einzuladen, und da immer reichlich gekocht und von einer großen Platte gegessen wird, ist auch immer etwas da für den unerwarteten Gast.

Immer wieder kommen Kinder vorbei, die "Guten Tag" sagen, ein "Gutes Fest" wünschen und auf Süßigkeiten oder eine kleine Münze warten. Der späte Tag verläuft gemächlich, zumindest für die Männer; man sitzt zusammen, trinkt Tee, spricht mit den Besuchern oder macht selbst Besuche, und irgendwann spät am Abend heißt es noch einmal "Essen ist fertig!", und ein weiteres Hammelmahl wird gereicht, bevor die Menschen sich mit vollen Bäuchen zur Nachtruhe begeben.

Mamadou: Die Entschädigung

"Mit über 1900 Menschen an Bord war die 'Djoola' im September 2002 vor der senegalesischen Küste untergegangen. Danach hatte der senegalesische Staat den Hinterbliebenen eine Entschädigung versprochen, für jedes Opfer 1.000.000 CFA. Weißt du, was in den Tagen nach dieser Bekanntgabe geschah? Die Zahl der Toten stieg auf weit über 3000 an. Wer konnte, besorgte sich einen Totenschein oder eine Bescheinigung mit Datum über die Passage oder ein anderes beglaubigtes Dokument und präsentierte es der amtlichen Stelle. Der Staat war aber auch nicht dumm und wandte bei der Auszahlung folgenden Trick an: Die Unterschrift über den Empfang des Geldes musste direkt vor der Auszahlung geleistet werden und wurde barsch gefordert.

Viele der verunsicherten einfachen Leute, die zum Teil gar nicht genau lesen konnten, hatten keine Zeit, den kleingedruckten Abschnitt zu lesen, in dem sie sich mit dem Verzicht auf 500.000 CFA einverstanden erklärten. Erst beim Geldzählen haben sie es gemerkt, dass sie nur die Häfte der Summe in der Hand hatten. Aber da halfen auch ihre Proteste nichts, der Beamte wies auf die Unterschrift hin, und da konnten sie nichts mehr machen."

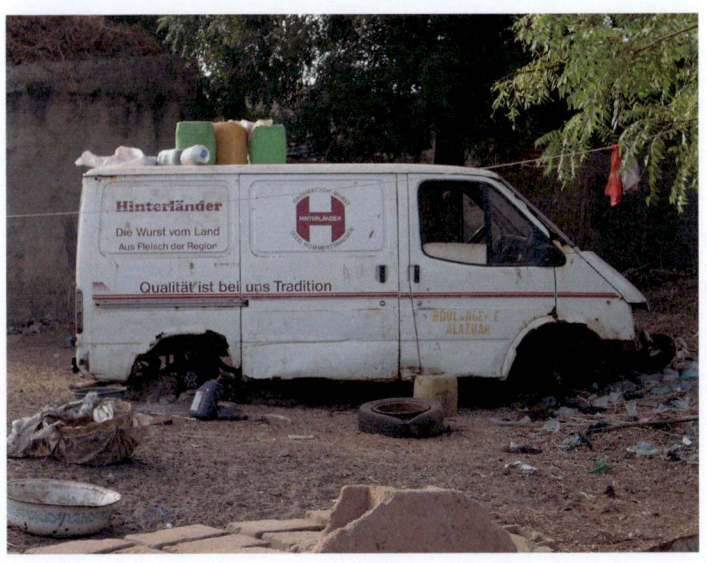

Original und Fälschung

Abbildungen

S.107 oben: *Unterwegs haben die alten Autos öfter mal eine Panne. Die Senegalesen sind Meister im improvisierten Reparieren, und nach einiger Zeit ist der Schaden meistens wieder behoben. Manchmal dauert es auch länger. Das ist nur dann schlimm, wenn man pünktlich am Flughafen sein muss.*

S.107 unten: *Früher einmal Wursttransporter in Deutschland, heute Hühnerstall im Senegal: Die ausrangierten Güter der westlichen Konsumgesellschaft verrotten in den afrikanischen Hinterhöfen.*

S.108: *Frauen sind in vielen Haushalten im Senegal in der Überzahl. Die Männer sind irgendwo unterwegs, arbeiten in den Städten, im Ausland, manchmal weiß niemand genau, wo sie gerade sind. Geld bekommt die Familie unregelmäßig über Western Union zugeschickt. Fast männerlose Haushalte sind im ländlichen Senegal häufig anzutreffen; die Frauen warten, kümmern sich um Kinder und Haushalt, um Kleinhandel und Feldarbeit, schaffen es, irgendwie über die Runden zu kommen. Das Geschlechterverhältnis im Senegal soll sich in den letzten Jahren so geändert haben, dass auf einen Mann statistisch 1,5 Frauen kommen.*

S.109: *Gekocht wird auf dem Lande fast immer in einem Küchenbereich außerhalb des Hauses. Hier bereitet die junge Frau für 15 Personen das Abendessen vor. Jede Geschlechts- oder Altersgruppe – die Kinder, die Frauen des Hauses, die Männer, die Alten, die Gäste – bekommt ihre Reisschale mit Gemüse und Soße. Fleisch oder Fisch kommen nicht jeden Tag und nur in kleinen Mengen dazu. Ein Sack Reis (25 kg) reicht für 4-5 Tage.*

S.110: *Marktfrauen bieten oft nur einige wenige Waren an, zwei Dutzend Tomaten oder Orangen, ein Häufchen Zwiebeln, in kleine Plastiksäckchen abgepackte Erdnüsse usw. Oft werden billig in der nächst größeren Stadt gekaufte Waren für einen geringen Aufpreis im Dorf weiterverkauft. Man harrt lange aus* *auf dem Markt, Zeit spielt keine große Rolle, und schon ein Gewinn von umgerechnet einigen Cent ist willkommen.*

S.111: Kinder sind zahlreich in allen Orten, und sie sind sehr interessiert an Weißen bzw. deren Geschenken. Selten sieht man weinende oder nörgelnde Kinder. Vielleicht entwickelt sich eine Grundzufriedenheit dadurch, dass die Kleinen lange – bis zu zwei Jahren – gestillt und ebenfalls lange getragen werden. Die jungen Mädchen haben die Aufgabe, sich um die ganz Kleinen zu kümmern. Leider führt das in ländlichen Gegenden auch dazu, dass die Mädchen von der Schule ferngehalten werden.

S.112: Als Schneider kann man sich ganz gut ernähren, vor allem, wenn man in touristischen Gegenden auch Toubabs zur Kundschaft zählt. Von ihnen kann man höhere Preise verlangen, vielleicht ergibt sich auch eine Auftragsfolge oder gar ein größerer Auftrag: Geschenke für Freunde und Verwandte des Weißen. Schwierig wird es, wenn die Maschine streikt; nur in der 80 km entfernten Stadt Ziguinchor kann Bassirou Ersatzteile besorgen oder ernsthafte Schäden beheben lassen – und solche kommen alle zwei Monate mal vor.

S.113: Die Fischer im Senegal haben es schwer. Viele haben aufgegeben; sie versuchen sich als Händler oder mit Gelegenheitsjobs durchzuschlagen. Manche verkaufen ihre Pirogen an Emigranten, die mit den kleinen Booten zu den Kanaren aufbrechen und manchmal dabei den Tod finden. Die Fähnchen auf dem Bild sind an Plastikteilen oder Holzstücken festgemacht, treiben auf dem Wasser und signalisieren anderen Booten, dass hier Netze ausgelegt sind.

Hilfe, Hilfe!

Hilfe, Projekte! I

In einem Campement an der Küste verbringe ich die ersten Tage im Senegal, um mich zu entspannen und an das Klima zu gewöhnen. Nach zwei Tagen treffen Gäste aus Deutschland ein, wir kommen ins Gespräch, ich erfahre, dass es eine junge Partnerschaft zwischen dem Küstenörtchen und einer deutschen Kleinstadt gibt. Von dieser Beziehung profitiert auch das Campement; beim letzten Besuch der weißen Partner sind Mittel für die Renovierung der Sanitäranlagen mitgebracht worden.

Stolz führt der Gerant am nächsten Morgen die Weißen und drei der Dorfältesten zum Sanitärhaus, das nun gekachelt, mit Sitzklos und Porzellanwaschbecken versehen ist. Auch die beiden Duschen sind frisch überarbeitet worden. Das Ganze hat noch keine Regenzeit hinter sich und blitzt wie die frischgeputzte Toilettenanlage eines Campingplatzes. Die Deutschen sind zufrieden, das Geld ist gut verwendet worden. Es scheinen Befürchtungen bestanden zu haben, dass in die Tasche einiger Dorfnotabeln gewirtschaftet werden könnte. Doch da auch Abrechnungspapiere vorgelegt werden, hat wohl alles seine Richtigkeit, die Kosten sind den Leistungen angemessen. –

Als ich am Ende meines mehrwöchigen Aufenthaltes im Senegal zum Abhängen von einigen anstrengenden Tagen im Inland wieder in dieses Campement komme, ist eine kleine französische Gruppe zu Gast, die, wie sich beim abendlichen Gespräch herausstellt, ebenfalls eine Art Projektbeziehung zum Dorf und zum Campement pflegt.

Am nächsten Morgen nach dem Frühstück treffen die drei Dorfnotabeln ein und werden zusammen mit den Franzosen vom Gerant zum Sanitärbereich geführt, wo er ihnen stolz die saubere, renovierte Anlage zeigt. Die Franzosen sind zufrieden, bekommen einige Abrechnungsunterlagen zu sehen und diskutieren am Abend, beeindruckt von der effektiven Nutzung ihrer Mittel, über ein weiteres finanzielles Engagement zur Erweiterung des Campements. Mit einem Mitglied des französischen Hilfsvereins komme ich ins Gespräch, frage vorsichtig, ob es hier neben dem Engagement der Franzosen noch andere Hilfsaktivitäten gebe. Nein, erfahre ich, das Campement werde nur von der französischen ONG unterstützt, die Partnerschaft bestehe seit langem, die Mittel seien zwar gering und nur kleine Projekte könnten auf den Weg gebracht werden, aber sie hätten verlässliche Partner vor Ort und seien mit den Fortschritten zufrieden.

Wie die Deutschen, denke ich, und würde gerne länger bleiben, um zu sehen, ob noch weitere Vereinsvertreter, vielleicht aus den Niederlanden oder Österreich, ebenfalls zufrieden sind über die mit ihren Geldern renovierte Sanitäranlage.

Hilfe, Projekte! II

Im Nebenraum des Campements in Baila stehen drei Fahrräder, die die französische Partnerorganisation vor einiger Zeit als Hilfsgüter mitgebracht hat. Es sind robuste Peugeot-Räder der französischen Post, mit Korb, in einem verblassten Postgelb und mit der noch lesbaren Aufschrift "la poste". Sie sind general-überholt und sehen voll funktionsfähig aus, stehen allerdings schon über ein Jahr herum. Niemand im Ort will sie haben, obwohl sie in besserem Zustand und für das hiesige Gelände mindestens so gut geeignet sind wie die meist klapprigen Räder der Dorfbewohner. Ein Vertreter der ebenfalls vor Ort tätigen deutschen Hilfsorganisation erklärt mir, keiner hier wolle den "Abfall der französischen Post". Ein eigenartiger Stolz verhindere den Gebrauch der Fahrräder, die in dem Nebenraum allmählich verrotten.

Mit einer für nüchterne westliche Helfer manchmal schwer einschätzbaren Mentalität und kaum nachvollziehbaren Empfindlichkeit der Senegalesen sind Hilfsorganisationen und deren Aktivisten vor Ort oft konfrontiert.

"Ein Entwicklungshilfespezialist der niederländischen Botschaft in Dakar hat mir von einem Projekt auf der Halbinsel Kaskas berichtet. Man wollte eine handbetriebene Fähre einrichten, mit der sich die Leute selbst ans gegenüberliegende Ufer befördern konnten. Die Senegalesen waren entsetzt: Ob die Niederländer vielleicht glaubten, dass sie noch Sklaven wären!" [1]

Die deutsche Hilfsorganisation hatte zu einer Besprechung im Dorf Soum geladen, um zu beraten, was mit den beschädigten Bereichen der Deiche zu tun sei, die seit zwei Jahren das neu gewonnene Reisanbauland vor der Versalzung schützten. Die Gruppe der Männer und die Gruppe der Frauen saßen getrennt voneinander; als verschiedene Frauen das Ausmaß der Schäden schilderten, die Ernteeinbußen nannten, auch Vorschläge zur Sanierung der Dämme machten und mehr als eine halbe Stunde redeten, verließen die Männer nach und nach die Versammlung. Eine Erklärung dafür lautete später, die Weißen hätten ja nur die Frauen sprechen lassen. [2]

Vor der Schwierigkeit, die Mentalität der einheimischen Partner sowie die genauen Umstände der einzelnen Hilfsunternehmungen einzuschätzen, stehen vor allem neu gegründete Hilfsorganisationen. Jedes Jahr gründen sich zwei bis drei neue deutsche Vereine, die im Senegal aktiv sind, oft angeregt durch Urlaubseindrücke, Kontakte zu Einheimischen und vor allem den Wunsch zu helfen. Zudem sind mehr als zwei Dutzend große Hilfsorganisationen im Senegal und zugleich in anderen Ländern tätig. [3]

Persönliche Elendserfahrung vor Ort und die offenkundige Leichtigkeit, mit der man anscheinend ein Hilfsprojekt aufbauen und Menschen in ihren schwierigen Lebenssituationen effektiv unterstützen kann, regen zu Hause zur Gründung eines kleinen Vereins an. Getragen vom goodwill werden im Freundes- und Bekanntenkreis Mitglieder und Spendengelder geworben, Sitzungen abgehalten, Container beladen, Reisen organisiert.

Dabei wird viel Geld, teils auch viel Material bewegt und es werden sicherlich die Lebensbedingungen für eine Reihe von Menschen im Senegal verbessert, vor allem im medizinischen Bereich. Auf der anderen Seite müssen gelungene Hilfsprojekte durchaus nicht heißen, dass ein gegenseitiges Verständnis, ein näheres Kennenlernen des jeweils anderen und seiner Kultur in nennenswertem Maße stattgefunden hat.

Nachdem die Mitglieder einer deutschen Hilfsorganisation das zentrale Hotel im Ort belegt haben, werden gleich Kisten mit ALDI-Nahrungsmitteln hineingetragen und kurz darauf wird die deutsche Fahne gehisst. Für andere Gäste ist das Hotel in dieser Woche gesperrt. Zu der Zeit wohne ich im Haus eines einheimischen Freundes im Ort; im Gespräch mit dem Leiter der Organisation werde ich gefragt, wie das denn so sei, bei Einheimischen zu wohnen. Als ich zurückfrage, ob er denn noch nie bei senegalesischen Freunden gelebt habe, meint der langjährige Vorsitzende der ONG, als Verantwortlicher für die vielen Aktivitäten des Vereins hier könne er es sich nicht leisten krank zu werden, schlafe daher lieber im Hotel und esse die sicheren mitgebrachten Lebensmittel.

Besonders die "Macher", die Handwerker und Arbeitsspezia-
listen, die in einer Mischung aus Hilfsaktion, Abenteuerreise und
Urlaubzeit mit den Vereinskollegen in den Senegal reisen, um
vor Ort z. B. ein Pumpensystem zu installieren, die Starkstrom-
anlage des neuen Maschinenraums einzurichten, das Dach des
Kindergartens zu decken etc. laufen Gefahr, in einer
mitgebrachten Vorstellungswelt von "Afrika" zu verbleiben. Die
Kontakte sind meist offiziell und verlaufen über Dolmetscher,
die Deutschen bleiben in Grüppchen zusammen, nähere Einzel-
kontakte zu Einheimischen entwickeln sich kaum. Mitunter kann
man den Eindruck gewinnen, dass sogar Berührungsängste
bestehen.

*Keines der mitgereisten Vereinsmitglieder sprach Wolof,
niemand ein sicheres Französisch, sodass die Deutschen in
hohem Maße auf die beiden Dolmetscher angewiesen
waren. Diese verstanden es gut, ihre eigenen Interessen
bzw. die ihrer Freunde und Schützlinge gelegentlich mit
einzubringen und fungierten als verdeckte Chancen-
verteiler.*

*Die Hochzeit eines Angehörigen einer deutschen
Hilfsorganisation mit einer Einheimischen wurde nach
deutschem Brauch mit einem Polterabend eingeleitet. Das
den Senegalesen unbekannte Ritual stieß bei ihnen auf
Verwunderung und Unverständnis, als das zuvor für wenig
Geld auf dem Markt gekaufte Glas- und Porzellangeschirr
zerdeppert wurde. Angehörige der Braut machten
Versuche, die Weißen daran zu hindern, die noch gut
verwendbaren Gebrauchsgegenstände zu zerstören,
mussten sich aber der Macht des westlichen Rituals
beugen.*

Gerade in der Anfangsphase der Vereinsaktivitäten gibt es oft
unerfreuliche Erfahrungen mit bürokratischen Abläufen, auch

mit örtlichen Mitarbeitern, die man sich hätte ersparen, zumindest verringern können durch vorherige Kontakte zu anderen Organisationen und einen Erfahrungsaustausch. Dass es nur gelegentlich oder zufällig zu einem Miteinander, zur gegenseitigen Unterstützung und zur gemeinsamen Arbeit von deutschen und auch ausländischen Hilfsorganisationen kommt, selbst wenn sie am selben Ort in ähnlichen Bereichen arbeiten, liegt an der begrenzten Kapazität der ehrenamtlichen Helfer, oft an den Sprachschwierigkeiten, aber auch an einem mitunter engen Blickwinkel, einem Nicht-über-den-Tellerrand-schauen-Wollen. Manche Projekte sind halbprivate Prestigeprojekte, hängen an ganz wenigen Personen, die "ihren" Verein, "ihr" Projekt ungern dem Einblick, der Mitbestimmung und der Kritik Fremder öffnen wollen.

Von den Erfolgen der Vereinsaktionen liest man dann in der örtlichen Presse, in den Vereinsmitteilungen, auf der Internetseite. Die Präsentabilität eines Projektes bzw. eines Projekterfolges ist nicht unwichtig für Vereine, die über eine positive Öffentlichkeitsdarstellung weitere Mitglieder, Spender, Helfer gewinnen können. Für Vereine liegt es näher, einen Brunnen bauen zu lassen, als die Ausbildung eines einheimi-schen Brunnenbauers zu finanzieren. Der Brunnen lässt sich als gelungenes Projekt mit dem Vereinslogo versehen, im Rahmen eines Besuches festlich einweihen und fotografieren und den Mitgliedern im Vereinsbericht und auf der Internetseite anschaulich als Erfolg präsentieren. Der Multiplikationseffekt der Brunnenbauerunterstützung ist weniger fassbar und nicht so präsentabel wie der fertige Brunnen, aber mittel- und langfristig sicher effektiver als der Bau des einzelnen Brunnens. [4]

Von den Beschwerlichkeiten, gar den Misserfolgen der Vereinsarbeit im Senegal erfährt die Öffentlichkeit wenig.[5] Und über das Verhältnis des Aufwandes im Vergleich zum

Erreichten wird nicht Buch geführt. Dass Erfolge vorgewiesen werden können, vorgewiesen werden müssen, bleibt bei der Anzahl der engagierten Menschen in den Hilfsvereinen, den hohen Spendeneinnahmen und dem Materialaufwand nicht aus. Es gibt vielleicht einen Rechnungsprüfer, aber keinen Erfahrungsprüfer, der untersucht, was im Vergleich zum Erreichten bei angepasster Planung, mehr Erfahrungsaustausch etc. möglich gewesen wäre. Wenn man von der bei Projekt-Antragstellungen und -Mittelvergabe helfenden Beratungsstelle "BENGO" absieht, gibt es keine Evaluation, keine Prüfstelle, die Erfahrungen auswertet und zur Verfügung stellt, kein Qualitäts-management.

"Jeder Euro kommt an." Sicher, aber wo genau? Und was ist dann seine weitere Geschichte? Wie sieht das erfolgreiche Projekt nach zwei Jahren aus, wenn die Helfer und Geldgeber sich zurückgezogen haben, wenn die Zuschüsse weniger werden oder ausbleiben?

Trotz der vielen kritischen Fragen zu der Arbeit der ONGs, überhaupt zur Entwicklungsarbeit, trotz vieler absurder Anekdoten über schief gelaufene Hilfsmaßnahmen[6] ist diese Hilfe sinnvoll. Nicht nur, weil auf der materiellen Ebene z. B. in der kleinen neuen Krankenstation den Einheimischen besser geholfen werden kann als zuvor, sondern auch, weil Kontakte geschaffen werden, die grundsätzlich Chancen bieten, sich mit der anderen Kultur auseinanderzusetzen, weil durch die Konfrontation mit der anderen Lebensweise der Blick auf die eigene Kultur, die eigenen Lebensumstände sich verändern, sich weiten kann. So können Verständnis und Toleranz wachsen; und auf unserem kleiner werdenden Planeten brauchen wir gerade dies so dringend wie nie zuvor.

(1) Lieve Joris, Mali Blues. Ein afrikanisches Tagebuch. Aus dem Nieder-
ländischen. Piper 1998, S.34

(2) persönl. Mitteilung eines Mitgliedes der deutschen Hilfsorganisation

(3) Angaben zu den im Senegal tätigen Hilfsvereinen auf www.bonjourtoubab.de

(4) So auch die Erfahrungen von Martin Wobken, einem deutschen Ingenieur, der im Senegal eine Brunnenbauerschule gegründet hatte und vergeblich bei im Senegal aktiven deutschen Hilfsvereinen Unterstützung suchte.

(5) Eine Ausnahme ist das Video des Vereins "Sang Vert" e.V., in dem die Erfahrungen zu Beginn der Vereinsarbeit im Senegal festgehalten sind. In der mutigen Dokumentation wird offen auch über die Fehler gesprochen, die man meint gemacht zu haben. Leider hat sich der Verein inzwischen aufgelöst.

(6) vgl. Axelle Kabou, Weder arm noch ohnmächtig: Eine Streitschrift gegen schwarze Eliten und weisse Helfer, Basel Lenos Verlag 1993   sowie Brigitte Erler, Tödliche Hilfe. Bericht von meiner letzten Dienstreise in Sachen Entwicklungshilfe. Hayit Diskurs, siehe auch: www.toedlichehilfe.de

Besuch beim Patenkind

Der Besuch bei meinem Patenkind Omar war beim deutschen Büro der Kinderhilfsorganisation angemeldet für den ungefähren Zeitraum von fünf Tagen im Juli 1998. Genauer wollte ich den Termin nicht angeben, da sich bei meiner Reise von Mali nach Senegal das Datum nicht auf den Tag genau festlegen ließ.

Als ich in Kaolack ankomme, suche ich daher gleich das Regionalbüro von Plan International auf, um meinen Besuch anzukündigen und den weiteren Ablauf zu klären.

Das Verwaltungsgebäude – eines von fünfen im Senegal – befindet sich nicht weit vom Hotel und ist nach örtlichen Maßstäben sehr groß; in den verschiedenen Zimmern im Erdgeschoss sitzen Mitarbeiter an den Rechnern und bearbeiteten die etwa 6000 Kinderpatenschaften[1] im Regionalbezirk Kaolack. Die Patenschaftsarbeit im Allgemeinen und die Aufgaben der einzelnen Mitarbeiter im Bezirk Kaolack werden mir erläutert. 40% der Mittel gehen in die Trinkwasser-versorgung, weitere wichtige Aufgabenbereiche sind Schulbauten und -einrichtungen, Unterstützung der Landfrauen (Hirsemühlen, Kassen- und Kreditorganisation), Gesundheits-versorgung (poste de santé), Bildungsarbeit und ökonomische Unterstützung (z. B. beim Saatgutkauf). Wir machen für den nächsten Vormittag einen Besuch bei Omar im etwa 50 km entfernten Dorf Keur Samba Ka aus.

Mein Ansprechpartner Germain erwartet mich am nächsten Morgen, auch der Wagen des Hilfswerks für die Fahrt steht vor der Tür, soll aber noch schnell zur Werkstatt und zum Tanken, sagt Germain. Dies zieht und zieht sich hin, und als nach anderthalb Stunden der Wagen immer noch nicht zurück ist, entscheidet Germain, mit einem öffentlichen Taxi zu fahren. Ein Fotograf steigt noch dazu und dann geht's los. Hinter Kaolack biegen wir von der Hauptstraße ab, Richtung Foundiounge, dann nach kurzer Strecke noch einmal auf eine Piste. Einmal halten wir unterwegs in einem Ort, wo Germain Briefe abgibt an dörfliche Mitarbeiter der Organisation, die für die Übersetzung und Weitergabe sowohl der ankommenden als auch der ausgehenden Post zuständig sind. In den kleinen Ortschaften sind verschiedene Menschen dadurch in die Arbeit der Patenschaftsorganisation einbezogen als Übersetzer, Kontakt-leute, Trainer für Hygiene- und Gesundheitsaufklärung u.a.

Die Piste wird immer schlechter, wir kommen schließlich nur im Schritttempo voran, tiefe Längsrinnen und Auswaschungen durchziehen den Weg, der als Fahrstrecke kaum noch zu erkennen ist. Mehrmals denke ich, hier kommen wir nicht weiter. Einmal knallt es, und ein Reifen ist hin. Die Zwangspause ist kurz, zum Glück hat der Chauffeur einen funktionierenden Ersatzreifen, der schnell montiert ist. Die Laune des Fahrers ist allerdings auf dem Tiefpunkt; er flucht und fürchtet zu Recht um seinen Wagen. Der Verständigung zwischen ihm und Germain kann ich entnehmen, dass durch den abgemachten Preis diese tour de force nicht angemessen bezahlt ist. Dass an diesem "Weg" ein Dorf liegen soll, kommt mir unwahrscheinlich vor. Eine solch strapaziöse Strecke zu fahren, würde niemand ein zweites Mal sich und seinem Wagen zutrauen. Doch schließlich tauchen tatsächlich Hütten auf, wir sind am Ende der Welt, in Keur Samba Ka, angekommen.

Germain braucht einige Zeit um sich durchzufragen und die Ansprechpartner zu finden; der Besuch ist zwar angekündigt, aber zum Glück nicht vorbereitet worden. Ein Begrüßungskomitee, eine der üblichen Tanz- und Gesangsgruppen oder ähnliches wäre mir in dieser Umgebung völlig unangemessen vorgekommen. Eine kleine improvisierte Versammlung findet in der Hütte von Omars Familie statt; drei der Dorfältesten, Vater und Mutter von Omar, Germain, der Fotograf und ich sitzen in dem kleinen Raum auf dem Bett, auf Hockern, auf einer kleinen Holzbank. Einer der älteren Männer hält eine kurze Rede, in der er vor allem anerkennt, dass ich die weite Reise von Deutschland zu ihnen ins Dorf gemacht habe, und er lobt die zahlreichen Hilfen der Organisation für das Dorf. Germain übersetzt, da die Männer kein Französisch sprechen. Ich bin gerührt von der Ernsthaftigkeit und der Wichtigkeit, die meinem Besuch zugemessen wird – für mich ein Schlenker auf der Reise, eine kleine Episode unter anderen.

Mein Interesse bei diesem Besuch liegt eher bei den Projekten vor Ort, ich möchte gerne wissen, wie die Patenschaftsorganisation hier konkret die Spendengelder einsetzt. Ich weiß, dass die Gelder für das Patenkind zum großen Teil Dorfprojekten zugute kommen, was ich sinnvoll finde. Omar ist erst seit einem knappen Jahr mein Patenkind; zuvor habe ich zwei Jahre seine Schwester unterstützt, bis ich die lapidare

Mitteilung der Organisaton erhielt, Aigue Diallo, ein 13jähriges Mädchen, habe überraschend geheiratet und falle damit aus dem Patenprojekt heraus. Ich könne aber die Patenschaft für ihren Bruder Omar weiterführen. Damit war ich einverstanden, wunderte mich damals aber auch, dass eine solche Kinderheirat bei Patenschaftskindern möglich war.

Der briefliche Kontakt zu Omar war also recht frisch. Für Germain stand offensichtlich diese Begegnung im Vordergrund. Omar ist aber nicht da; Germain veranlasst, dass der Junge von seiner Arbeit auf dem Feld weggeholt wird. Nach einer halben Stunde kommt er, frisch gewaschen und in ein weißes bzw. ehemals weißes Hemd gesteckt, um dem europäischen Gast angemessen gegenüberstehen zu können und auch auf den Fotos etwas herzumachen. Guido, der Vater, hilft dem Jungen, die Knöpfe am Hemd zu schließen, die die sonst übliche Kleidung des Achtjährigen nicht aufweist. Omar macht ein ernstes, etwas verstörtes Gesicht. Er ist verschämt, weiß mit der Situation nichts Rechtes anzufangen, was ich gut nachvollziehen kann. Ich werde ihm zudem als neuer "Papa" vorgestellt; er muss in der nächsten Stunde direkt neben mir gehen, wird zurechtgeschubst, wenn er sich aus meiner Nähe verdrücken will. Für seine acht Jahre ist er, wie viele senegalesische Kinder, sehr groß, er geht in die zweite Klasse, spricht kaum mehr französisch als "Bonjour". Wir gewinnen in der kurzen Zeit natürlich keinen wirklichen Kontakt.

Beim Rundgang durch das Dorf, bei dem mir die durch die Patenschaftsorganisation ermöglichten Hilfsmaßnahmen erläutert werden, treffen wir auch den Grundschullehrer, einen sympathischen jungen Mann. Von den drei Schulräumen ist einer im Rohbau, der andere noch ohne Inneneinrichtung; zwei Latrinen hier und andere bei den Hütten der Dorfbewohner gehen auch auf das Konto des Hilfswerkes. Der neue Brunnen vor der Schule hat zurzeit kein Wasser. Für die Hirsemühle ist eine Frau aus dem Dorf zuständig. Sie erläutert engagiert ihre Aufgabe der Buchführung: Jeder Mahlgang koste eine Kleinigkeit, sie führe darüber Buch, verwalte das Geld, kaufe Diesel, Öl und bezahle die nötigen Reparaturen. Mit der Wartung seien zwei Jugendliche aus dem Dorf beauftragt, die dafür geschult worden seien.

Der poste de santé ist in einer winzigen Hütte untergebracht; eine Pritsche, ein Schrank, das ist alles. Im Schrank: Alkohol, Mullbinden, Vitamin C und zwei alte Spritzen – dieser Gesundheitsposten macht keinen sehr vertrauenerweckenden Eindruck. Er wird von einem älteren Mann betreut, der wohl auch mal zur "magie noir" greift – wie mir bei einer Frage nach der Behandlung von Schlangenbissen gesagt wird. Wir kommen auf dem Gang durchs Dorf mehrmals an dem wartenden Taxifahrer vorbei; er hat im Schatten eines großen Baobabs geparkt, die Wagentür ist offen und Musik von Youssou Ndour schallt auf den Dorfplatz. Für die Dorfkinder ist **er** die eigentliche Attraktion des Tages; die Errungenschaften der Unterhaltungsindustrie scheinen nicht oft bis hierher zu kommen.

In einer anderen Hütte sind Schubkarren, Harken und Schaufeln gelagert. Stolz wird eine blitzblanke neue Karre herausgefahren, mir vorgeführt und erläutert: Sie diene dazu, den Abfall im Dorf einzusammeln und an eine extra dafür bestimmten Stelle zu fahren. Ob die Karren denn auch benützt würden? Ja, wird mir mit eifrigem Kopfnicken bestätigt, und die saubere Schubkarre wird wieder in die Hütte gefahren. In einer anderen Hütte lagern Moskitonetze, teils noch in Kartons verpackt. Auch diese werden mir mit einem Stolz gezeigt, als ginge es um den gesammelten Reichtum des Dorfes. Dann werden die Kartons wieder zugeklappt. Ich weiß schon, bevor ich es ausspreche, dass ich Kopfnicken erhalten werde auf meine Frage, ob die

Moskitonetze denn auch benutzt werden. Zurück im Compound von Guido Diallo, schießt der Fotograf noch einige Fotos. Ich vermute, dass mein Auftreten, auch mein lässiges Backpacker-Outfit, zu untypisch und wahrscheinlich nicht geeignet sind für eine Dokumentation in der Organisations-Zeitung. Mit Guido scherze ich ein wenig, schlinge mir sein langes Turbantuch um den Kopf und finde diesen Fototermin eigentlich überflüssig.

Omar bekommt nun seine Geschenke und freut sich, für seinen Vater habe ich einige Zigarren, dann drängt Germain zum Aufbruch. Ich verabschiede mich von vielen Menschen, die mir die Hände hinhalten. Gerne hätte ich ausführlicher mit dem Lehrer gesprochen, dessen Adresse ich immerhin mitnehmen konnte.

Der Besuch hat knapp zwei Stunden gedauert; es ist nun sehr heiß, ich bin vom Dorfgang, den Begrüßungen und Gesprächen etwas erschöpft, werde aber sofort hellwach, als wir, zum Glück auf der Teerstraße, die zweite Reifenpanne haben. Kein Ersatzreifen mehr, das nächste Dorf ist aber nur drei Kilometer entfernt, und unser Fahrer macht sich mit den zwei Reifen auf den Weg. Germain und ich setzen uns in den Schatten eines Baumes; Germain ist müde und nicht gesprächig; mit den überraschend auftauchenden Kindern aus dem Dorf kann er nichts anfangen. Ich versuche es mit Fingerspielen, eine immer wieder lustige Beschäftigung mit senegalesischen Kindern. Von den zwei Dutzend schuhlosen Kindern, überwiegend Jungen, kommen keine Cadeau- oder 100-Francs-Forderungen. Bald verziehen sich die meisten, einige bleiben, um den Toubab anzustarren, der hier einfach so am Straßenrand herumsitzt; es kommen wohl nicht viele Weiße vorbei hier, kurz vor dem Ende der Welt.

Es vergeht über eine Stunde mit Warten; der Chauffeur taucht nicht auf, aber irgendwann hält ein Wagen, und Germain drängt

130

mich, doch schon vorauszufahren. Er scheint ein schlechtes Gewissen zu haben, dass es mit dem Transport nicht so gut geklappt hat. Ich lasse mich nicht lange bitten, wir verabreden schnell für morgen ein Treffen im Büro, und ich steige in den wie üblich vollbesetzten Wagen ein, der bis Kaolack fährt. – Zwei Jahre später bin ich wieder in Kaolack, verbringe bei einem Zwischenstopp eine Nacht im gerade fertig gestellten neuen Hotel "Relais de Kaolack" und erfahre im Gespräch mit dem Manager, dass auch Fortbildungen für Mitarbeiter dieser Internationalen Hilfsorganisation im Hotel stattfinden. In Thiès habe ich den schicken Neubau des Regionalbüros gesehen und gedacht, dass das verbaute Geld auch besser hätte verwendet werden können. Auf dieser Reise lerne ich die Arbeit einer kleinen deutschen Hilfsorganisation in einer Landgemeinde im Süden kennen, die ohne Verwaltungs- und Werbeaufwand, ohne Plakatwände, Fernsehspots und Glanzprospekte ganz unspektakulär eine begrenzte, solide und überzeugende Arbeit macht. Letztlich entscheidend für meine Kündigung der Patenschaft bei Plan International war aber nicht das aufwändige Fund-Raising, sondern ein akkurat in Wolof geschriebener Brief von Omar, übersetzt ins Französische, den ich mir von meinem senegalesischen Freund direkt übersetzen ließ. Dieser staunte über die Wolof-Kenntnisse des Zehnjährigen, die an seine eigenen durchaus heranreichten, und meinte, dass dieser Brief auf keinen Fall von einem Kind formuliert sein könnte ... –

Die Patenschaft über die kleine deutsche Hilfsorganisation zu einem Jungen in der Landgemeinde der Casamance besteht seit 2001. Gelegentlich fahre ich dort vorbei, besuche die Familie und den jedes Mal enorm gewachsenen Bachir. Statt verpackter Moskitonetze oder ungebrauchter Schubkarren sehe ich die Fortschritte der Ausbildungsmaßnahmen und höre in Gesprächen den Respekt und die Dankbarkeit für die deutschen Organisatoren der verschiedenen Projekte im Dorf.

(1) Eine Untersuchung über "Die öffentliche Darstellung von Kinderpatenschaften. Eine kritische Bestandsaufnahme aus entwicklungspädagogischer Sicht" ver-öffentlichte Prof. Dr. Annette Scheunpflug von der Uni Erlangen-Nürnberg: www.presse.uni-erlangen.de/infocenter/presse/pressemitteilungen/ forschung_2005/06_05/Kinderpatenschaften.pdf

Altbatterien

Peter H. ist ein pensionierter Lehrer aus Deutschland, der vor einigen Jahren seine Liebe zu Senegal entdeckte. Er wohnt mit seiner senegalesischen Frau in Deutschland und hat im Senegal ein Haus am Rande des kleinen Heimatortes seiner Frau, wo er sich jedes Jahr für mehrere Wochen oder auch Monate aufhält. Peter engagiert sich bei verschiedenen kleinen Hilfsmaßnahmen, unterstützt einzelne Dorfbewohner, wo es ihm möglich ist, und ist im Ort bekannt und beliebt. Wenn er auf seinem stabilen Rad durchs Dorf fährt, wird er von vielen freundlich gegrüßt.

Seine ökologischen Ideen hat Peter aus Deutschland mitgebracht, und er bemüht sich um deren Umsetzung im Ort und in seinem persönlichen Umfeld. Dies ist nicht nur deshalb schwierig, weil Peter kaum Französisch spricht, auch nicht die Landessprachen Wolof oder Mandinka, sondern auch, weil der erzieherische Impetus des Ex-Lehrers auf eine ihm fremde und wenig zugängliche Mentalität trifft. Die mitunter seltsamen Folgen seiner Unternehmungen nimmt er mit Humor.

Eines seiner Projekte war eine Batteriesammelaktion. Die im Senegal in chinesischer Lizenz hergestellten Batterien Marke Hellesen sind miserabel; nach kürzester Betriebszeit sind sie leer und, was schlimmer ist, laufen häufig aus, sodass ihr klebriges Innenleben die Kontakte der Taschenlampe, des Radios verschmiert und das Gerät unbrauchbar machen kann.

132

Die leeren Batterien werden von den Senegalesen wie jeglicher Abfall in die Gegend geworfen, wo sie mit ihren hohen Schwermetallanteilen den Boden und das Wasser verseuchen. Ins Klo geworfen, wo sie schnell völlig auslaufen, haben die alten Energieträger einen erwünschten Nebeneffekt: sie dezimieren die dort lebenden Tiere rasch und gründlich. Also ist das Klo ein beliebter Entsorgungsort für die Hellesen-Artikel. Eine Rückgabestelle oder Sammelbehälter für Altbatterien gibt es im Senegal (noch) nicht.

Der umweltbewusste Deutsche wendet sich an einige Boutique-Betreiber, die Batterien verkaufen, spricht mit dem Kommandeur des örtlichen Militärpostens – die Soldaten hören viel Batterieradio – und versucht die Problematik zu verdeutlichen. Er hat den Eindruck, dass man ihn und die Sachlage versteht und verteilt bald bidons, Plastikkanister zum Sammeln der Batterien.

Nach einiger Zeit stellt sich heraus, dass manche bidons verschwunden sind, andere werden ihm gut gefüllt ins Haus getragen und zum Rückkauf angeboten. Die Einheimischen sind enttäuscht, dass Peter nichts dafür zahlen will, er war doch so hinter den alten Batterien her ... Ein Boutiquier, der die Tragweite des Problems wohl erkannt hat, stellt gleich statt der bidons eine ausgediente Öltonne auf, in der sich allmählich die Batterien sammeln. Als Peter im Jahr darauf wiederkommt, kündet nur noch ein hässlicher Fleck von der Sammeltonne. Sie war während der Regenzeit durchgerostet, und die Schwermetallsuppe aus Hunderten von Batterien war in den Boden gesickert. Vor seinem Haus findet Peter bei der Ankunft einen Berg von Altbatterien vor, ebenfalls zum großen Teil ausgelaufen.

Immer wieder kommen Kinder zu ihm und bieten ihm für wenig Geld gebrauchte Batterien an. Wenn er sie zurückweist, nehmen sie die Batterien wieder mit. Beim Militär klappte es kurze Zeit ganz gut mit dem Sammeln; als nach drei Monaten die Mannschaft wechselte, musste Peter dem neuen Kommandeur die Gefahren durch weggeworfene Batterien erläutern. Alle drei Monate werden die Soldaten ausgetauscht, Peter ist einmal im Jahr für zwei bis drei Monate im Lande.

Zum didaktischen Konzept gehört neben der angemessenen Abfallbeseitigung auch die Abfallvermeidung. Peter wollte diesen Aspekt durch ein Ausleihangebot seiner privaten Akkubestände realisieren. Die eigens zu diesem Zwecke gekauften und geladenen Akkus sollten die Einheimischen davon abhalten, die Wegwerfbatterien zu kaufen. Zudem könnten sie so noch Geld sparen. Es ergab sich, dass die leeren Akkus wie die Batterien im Klo landeten oder irgendwie spurlos verschwanden. Der Rücklauf war verschwindend gering.

Auf seinem Grundstück jedoch, fasst Peter am Ende des Gespräches den Erfolg seines Projektes zusammen, dürfe keine Batterie weggeworfen werden. Das habe er den beiden Hausangestellten ganz klar gemacht und inzwischen würden sie sich auch daran halten – wenn er anwesend sei ...

Mamadou: "Monsieur Projet"

Die Weißen mögen gerne Projekte; wenn sie mit uns ein Projekt machen, haben wir etwas davon und sie auch. Wenn ich mit einem Weißen ins Gespräch komme, merke ich genau, ob er ein Projekttyp ist oder nicht. Ich warte, bis er selbst davon anfängt, wie man hier etwas machen könnte, mit wenig Geld. Ich finde das gut, gebe ihm Tipps, beim nächsten Treffen bringe ich einen Freund mit, der auch Projekte mag und sich etwas auskennt. Wir diskutieren, ich lade "Monsieur Projet" zu mir nach Hause ein, da sind auch andere Freunde und wir schauen zusammen, was so geht. Es hilft mir, dass ich ein Jahr in Frankreich war und auch drei Monate in Deutschland, da lernt man die Weißen besser kennen, auch die Sprache. Außerdem habe ich 4 Semester Englisch studiert in Dakar und bin in meinem Dorf im Organisationskomitee, kenne viele Leute.

Andere Toubabs möchten hier ein Haus bauen, suchen ein Grundstück, Kontakte zu Handwerkern, verlässlichen Leute von hier und so weiter. Da kann ich auch helfen.

Bei den Grundstücken ist das so eine Sache, da muss man vorsichtig sein, aber das klappt schon. Ein Freund hat ein Grundstück dreimal verkauft, musste dann schnell weg und hat sich seit langem nicht sehen lassen. Sidibé, der Mann meiner Schwester, passt auf das Haus von Jan auf, einem Holländer. Es ist noch nicht fertig, Sidibe schläft dort, passt auf, dass nichts kaputt gemacht oder gestohlen wird und bekommt dafür von Jan Geld.

Wir brauchen Projekte. Ich kenne einige Leute, die gute Projekte hier und in den Nachbardörfern gemacht haben, Brunnenbau, Schulunterstützung, Mädchenförderung, ein Dispensaire ist gebaut worden.

Wir haben auch mehrere Organisationen im Dorf, mit denen kann man gut zusammenarbeiten, G.I.E.s, Frauengruppen,

Naturschutz, Kulturgruppen, hier tut sich was. Diese Organisationen arbeiten gerne mit den Weißen und deren Organisationen zusammen. Ich kenne die meisten présidents, die maßgeblichen Leute in den groupements, im Dorfrat und so. Der Verwalter vom C.E.M. ist mein Bruder, gleiche Mutter.

Klar, ich habe auch etwas von den Kontakten, bekomme manchmal direkte Hilfe, das Geld für das Fahrrad für meinen Sohn habe ich von einem "Monsieur Projet".

Bei Vermittlungen, wenn ich z. B. Handwerker und Helfer für einen Hausbau vermittle, oder jetzt für die Naturschutzgruppe aus Holland Unterkünfte organisiere und so, haben die Leute im Dorf was davon, sind mir dankbar und denken an mich. Es ist wirklich gut, Projekte zu machen.

Menschen

Cheikh Diop, Deutschlehrer

Der Tanz- und Trommelkurses in Dakar war vorbei, und wir vier Teilnehmer machten uns im Buschtaxi auf den Weg in die Casamance, um in den verbleibenden fünf Tage etwas vom grünen Süden des Senegal kennenzulernen. Vor dem Gambia-Fluss forderte der Chauffeur zusätzlich zum schon gezahlten Fahrpreis Geld für die Fähre. Wir wussten nicht, ob dies okay war und begannen eine kurze Diskussion. Wie so oft war die Situation unübersichtlich, einige der anderen Fahrgäste zahlten, andere nicht. Im Reiseführer war genau diese Situation als mögliche Abzockgelegenheit erwähnt worden. Noch waren wir zu keinem Entschluss gekommen, als aus der Reihe vor uns eine Stimme fragte: "Gibt es irgendwelche Probleme?" Wir vier waren die einzigen weißen Fahrgäste im Car und nicht wenig überrascht, die klaren deutschen Worte von dem jungen Schwarzen vor uns zu hören. Wir erklärten ihm das Problem, das er schon halb mitgehört hatte, und konnten uns von ihm versichern lassen, dass die Kosten der Fähre immer gesondert gezahlt würden, also die Toubabs nicht übervorteilt würden. Auf der Fähre kam ich mit Cheikh, so hatte er sich vorgestellt, ins Gespräch. Er sei Deutschlehrer in Ziguinchor, auf dem Rückweg von Dakar, wo er sich jeden Monat sein Gehalt abholen müsse – eine Tagesfahrt hin, eine Tagesfahrt zurück. Der sympathische junge Mann lud unsere kleine Gruppe ein, ihn doch am nächsten Tag in der Schule zu besuchen und an seinem Deutschunterricht im Lycée Djignabo teilzunehmen. Er empfahl uns ein kleines, preiswertes Hotel, wo wir die Nacht mit etwas Komfort und zu einem angemessenen Preis verbrachten.

Die Hospitation in seiner Deutschklasse am nächsten Tag war beeindruckend; nicht nur wegen der 60 Schüler, die sich teils zu dritt und zu viert eine Bank teilten, auch wegen der repetitiven Lernmethode, zu der es bei der Schülerzahl auch kaum eine Alternative gab.

Den deutschen Gästen wurden verschiedene Fragen gestellt, für die Schüler war es eine willkommene Abwechslung und für uns ein interessanter Einblick in den senegalesischen Schulalltag. Von Cheikh erfuhren wir, dass Deutsch im Senegal an vielen Schulen unterrichtet wird und nach Englisch – und damals noch vor Arabisch und Spanisch – die beliebteste Fremdsprache sei. Den Grund dafür sah er in der Affinität des ersten Staatspräsidenten, Leopold Sedar Senghor, zur deutschen Sprache und Kultur.

Senghor hatte während seiner Zeit in deutscher Kriegsgefangen-
schaft die deutsche Literatur und Sprache kennengelernt und
sich besonders für die literarischen Werke des Sturm und Drang
begeistert. Auf seinen Einfluss führt Cheikh die Kontinuität des
Deutschunterrichts im Senegal zurück, die ansonsten durch
keine kolonialen oder andere geschichtlichen Kontakte erklärbar
gewesen wäre.

Vom Auswärtigen Amt und dem Goethe-Institut materiell
unterstützt, waren die Deutschklassen mit Büchern und
Unterrichtsmaterialien einigermaßen gut versorgt. Was aber
konnten die Schüler mit der Fremdsprache Deutsch anfangen?
Einige versprachen sich Arbeitsmöglichkeiten im Touristen-
bereich wie dem Club Aldiana, andere setzten auf die
Ausbildung zum Deutschlehrer, mit der damals noch eine
Garantie auf eine Anstellung verbunden war. [1]

Wir verabschiedeten uns am Mittag von Cheikh, nicht ohne die
Adressen ausgetauscht zu haben, und machten uns auf den Weg
nach Oussouye, wo wir einige Tage verbringen wollten.

Den Kontakt zu den deutschen Mitreisenden habe ich nach
einiger Zeit verloren, die Beziehung zu Cheikh dagegen nicht.
Briefkontakt und ein Besuch während der nächsten Senegalreise
vertieften die Beziehung. 1995 lud ich ihn nach Deutschland ein,
im gleichen Jahr war ich Gast auf seiner Hochzeit, er drei Jahre
später bei meiner Eheschließung.

Der Kontakt hat sich auch über die Jahre und verschiedenste
Erlebnisse, auch Spannungen und Missverständnisse hinweg,
gehalten und vertieft. Ohne die Begegnung mit Cheikh hätte ich
vom Senegal und seinen Menschen nicht soviel verstehen
können wie ich heute zu verstehen meine, hätte bestimmte Orte
und Menschen nicht kennengelernt, hätte zu einigen
traditionellen Zeremonien und vielen alltäglichen familiären
Situationen keinen Zugang gefunden.

138

Humor, Sensibilität und Toleranz haben uns geholfen, im Umgang miteinander unsere Verwurzelung in unterschiedlichen Kulturen immer wieder als bereichernde Erfahrung zu erleben.

(1) Die Unterstützung für den Deutschunterricht im Senegal lief in den 90er Jahren nahezu aus, die Gelder wurden nach und nach gekürzt, sie wurden in Ostdeutschland gebraucht und, was Kultur- und Sprachpromotion betraf, nach Osteuropa umgelenkt.
Die Zahl der Deutschschüler im Senegal ist seit Jahren rückläufig. Dies auch deswegen, weil Spanisch und Italienisch für die vielen Auswanderwilligen attraktiver sind, weil das Arabische durch massive finanzielle Zuwendungen aus den arabischen Staaten gefördert wird, weil die Aussicht auf eine Festanstellung als Deutschlehrer seit Mitte der 90er Jahre weggefallen ist. Engagierte Deutschlehrer und Deutschschüler klagen über fehlende oder veraltete Bücher, über Zeitverschwendung durch Abschreiben der Lehrtexte von der Tafel. In jenen Städten, in denen größere deutsche Hilfsorganisationen tätig sind (Thiès und Mbour), wo Kontakte zu Schulen und personelle Kontakte zwischen senegalesischen Lehrern und deutschen Vereinsmitgliedern bestehen, ist das Interesse am Deutschunterricht bei den Schülern weiterhin vorhanden. Schulpartnerschaften und Schülerpatenschaften wirken dabei mit.
Einen schönen Einblick in die Situation des Deutschunterrichtes und zugleich eine Annäherung an Senegal bietet der Dokumentarfilm von Thomas Uhlig, "Herr Abdoulaye. Eine Spurensuche im Senegal" (2005), der den Deutschlehrer Abdoulaye Wane, einen Freund von Cheikh Diop, im beruflichen und privaten Umfeld begleitet, seine Schüler, die Schulleitung und weitere Senegalesen zum Thema Deutsch und Deutschunterricht befragt. Näheres dazu auf www.herrabdoulaye.com

Lamine, Grundschullehrer

Den ersten Dienst als Junglehrer macht man in der Region, in der man das erste Lehrerexamen, das CAP (Certificat d'aptitude professionnelle à l'enseignement primaire), abgelegt hat. Das hat Lamine in Bakel gemacht; daher wurde er nach Diam Welly geschickt, einem Örtchen in der Landgemeinde Sinthou Fissa bei Kidira, mit 22 Häusern, einer Moschee, einer Schule mit zwei Klassen, die vom Rektor und ihm unterrichtet werden. Seine Klasse hat 16 SchülerInnen, eigentlich sind es 25, aber neun kommen nicht mehr. Frühe Heiraten und Schwangerschaften sind ebenso verbreitet wie Absenzen wegen Haus- und Feldarbeiten.

Lamine muss zuerst Pulaar lernen, die Sprache der Region, welche er nicht kennt. Auch Sitten und Gebräuche sind ihm überwiegend unbekannt. So wurde er, als er, wie er es üblicherweise tat, nur mit dem Handtuch bekleidet aus der Dusche kam, von seinem Zimmervermieter schief angesehen. So etwas mache man in Diam Welly nicht, erklärte ihm später der Rektor. Man spricht mit Frauen auch nicht mehr als den Gruß. Lamine ist in der ersten Zeit im Dorf selbst mehr Schüler als Lehrer. Das Ungewohnte überwiegt, er muss sich möglichst schnell in Sprache und Sitten hineinfinden.

Die Dorfbewohner sind ungebildet, wissen wenig, sie wissen teilweise nicht, dass sie im Senegal leben. Über Tambacounda, die nächste große Stadt, ist kaum jemand hinausgekommen; den Zug, der zweimal die Woche sieben Kilometer entfernt vorbeifährt, haben wenige Kinder bisher gesehen, das Meer ist so unbekannt wie die Hauptstadt Dakar.

"Ich bin Lehrer für die Kinder und die Dorfbewohner", sagt Lamine. Hygieneregeln wie z. B. die Verhütung von Cholera durch Trennung von Trinkwasserbereich und Abwasser/Toilette muss Lamine nicht nur den Kindern, sondern auch den Eltern beibringen, denen zudem der Sinn von Schule nicht klar ist. Der Lehrer ist andererseits eine Autorität; er kommt aus der Stadt, von weit her; er weiß viel, er weiß alles. Wenn jemand krank ist, wird oft der Lehrer zu Rate gezogen; wenn ein Radio nicht mehr funktioniert, geht man damit zum Lehrer. Wenn der es nicht reparieren kann, kann man es wegwerfen. Wie der Lehrer sich kleidet, wie er geht, wie er sich benimmt, das hat Vorbildcharakter für die Kinder und wird nachgeahmt.

Um überhaupt die Schüler zum Schulbesuch zu motivieren, werden "Schulkantinen" eingerichtet. Eine warme Mittagsmahlzeit zwei- oder dreimal die Woche wird reihum von einer Dorffamilie für die Schüler gekocht. Man isst zusammen "à la natte" – auf der Matte. Da nicht genug Geld vorhanden ist, ist in Diam Welly nur jedes zweite Jahr Kantinenjahr, in den Jahren dazwischen wird im Nachbardorf Kantine gemacht. Auch kleine Feste und Radios im Klassenraum sollen Schülern und Eltern den Schulbesuch schmackhaft machen. Trotzdem fehlen die Schüler oft oder kommen gar nicht mehr, besonders die Schülerinnen. Die älteren Mädchen müssen auf die kleinen Geschwister aufpassen, Zwangsheiraten in frühestem Alter sind verbreitet, und nach den Beschneidungen, welche im Senegal eigentlich per Gesetz verboten sind, hier aber noch praktiziert werden, fehlen kleine Gruppen von Schülerinnen lange.

Die Ausstattung mit Materialien ist katastrophal. Es herrscht ein permanenter Mangel an Heften und Stiften; Lamine muss in der vierten Klasse mit den wenigen Büchern der dritten unterrichten.

Die Schule liegt etwas vom Dorf entfernt bei einem Tal mit viel Grün, wo Lamine gerne spazieren geht; nachts geht er nicht ohne Taschenlampe vor die Tür, es gibt Hyänen und Schlangen in der Gegend.

Die Bezahlung ist schlecht; 50.000 CFA, umgerechnet 75 Euro bekommt Lamine monatlich; manchmal erhält er kein Geld, muss dann auf den nächsten Zahltermin warten. Die Reise nach Diam Welly ist beschwerlich und lang, dauert zwei Tage von Diakhao aus, dem Heimatort Lamines.

Der junge Lehrer muss zwei Jahre an diesem Dienstort bleiben, danach will er unbedingt in eine Stadt versetzt werden; wenn das nicht geht, möchte er auswandern, am liebsten nach Amerika.

Père Joe

Père Joe ist ein älterer Niederländer, den ich bei jedem Aufenthalt in den Wintermonaten im kleinen Küstenort treffe. Er wohnt in einem Campement etwas abseits vom Dorf, direkt am Strand, in einem hübschen, kleinen, mit Dusche ausgestatteten Appartement.

Strandspaziergänge sind seine Leidenschaft, oft sehe ich ihn schon am Morgen, wenn ich losgehe, zurückkommen von einem frühen Spaziergang zum Nachbarort, manchmal begleitet von einer hellbraunen Hündin. Die heftet sich auch im Ort an seine Fersen: "Stellt keine Ansprüche, geht, wenn ich sie wegschicke und fragt nicht nach Geld ..."

Père Joe ist im Ort bekannt, nicht nur weil er seit Jahren immer wieder für Monate hier lebt und etwa Mandinka spricht, auch weil er verschiedenen Dorfbewohnern geholfen hat, meist mit finanziellen Unterstützungen, auch mit Ratschlägen oder durch Vermittlung von Beziehungen. Zugleich versteht er es, sich aus allen problematischen Verwicklungen, in die man hier leicht geraten kann, herauszuhalten und bleibt in entscheidenden Situationen distanziert.

Im Gespräch kann er unvermittelt sowohl eine barsche Bemerkung machen als auch einen tiefsinnigen Satz einwerfen. Oder er sagt lange gar nichts. Ein Gespräch, ob am Strand oder beim zufälligen Treffen im Restaurant, beendet er abrupt mit einer kurzen Bemerkung, ohne dass dies brüskierend wirkt. Er hat eine sehr genaue Einschätzung der Menschen hier, Toubabs wie Senegalesen, spricht über deren Schwächen, ohne dass Urteile oder Überheblichkeit herauszuhören sind. Für Menschen, die er etwas näher kennt, erfindet er bald Bezeichnungen, die recht treffend sind. Sadhio, mit ihrer gezierten, leicht arrogant wirkenden Art – obwohl sie nicht so ist – nennt er "princesse de

Dakar", den jungen Franzosen, der immer ein Wort mitzureden hat, spricht er nur mit "small boy" an.

"What about life?", fragt er mich unvermittelt beim Treffen am Strand; "Still a mystery to be lived, not a problem to be solved", fällt mir ein sinniger Satz ein, von Osho, glaube ich. Als wir uns bei einer Gelegenheit über sein unglücklich verlaufenes letztes Unterstützungsprojekt unterhalten, meint er auf Deutsch: "Das Leben ist nicht kompliziert, die Menschen sind kompliziert."

Wir haben uns nicht besonders viel zu sagen, die Unterhaltungen sind kurz; trotzdem treffe ich ihn gerne, mag seine etwas ruppige, kurz angebundene Art, die mir wie ein Schutzschild vorkommt, schätze seine unspektakulären, nahezu heimlichen Hilfsaktionen und bekomme mit, dass er hier nicht nur bekannt ist, sondern geschätzt und mit einem gegenüber Weißen ungewöhnlich herzlichen Respekt behandelt wird.

Rama, Barfrau

Rama ist Barfrau im Campement, überschlank und raucht Kette. Gäste sind heute Abend noch nicht da, sie schiebt mir Erdnüsse zu und hat Zeit für ein Gespräch. Ihr Sohn ist vier Jahre, lebt in Bignona bei ihrer Mutter, ihr Mann sei "in Dakar", eine Wendung, die hier soviel heißen kann wie: weit weg, nicht zuständig, abgehauen, man weiß nichts Genaues ... Sie ist überzeugte Mouridin, gehört jener großen islamischen Bruderschaft an, die von Amadou Bamba, dem allgegenwärtigen Mann mit dem weißen Schal, gegründet wurde und enormen Einfluss in der Gesellschaft Senegals besitzt. Als das Gespräch an der Bar auf das Thema Islam kommt, taut sie sichtlich auf, wird lebendiger und gesprächiger. Sie bekommt glänzende Augen, als sie von Touba, der heiligen Stadt, erzählt, wo sie zuletzt im Jahr 2000 war und wohin sie unbedingt 2006 wieder möchte. Sie habe so geweint, als sie das erste Mal dort war, so viele Menschen, der Sohn von Amadou Bamba lebte noch in Touba, sei aber schon sehr, sehr alt. Zwischendurch holt sie sich ein Bier, steckt sich eine   Zigarette an, "c'est pas grave", viele Muslime trinken Alkohol und es gebe Christen, die keinen trinken. In Touba möchte sie begraben werden; auch ihr Vater habe diesen Wunsch gehabt, und er sei auch dort begraben worden.

Sie bewegt sich zur Kassettenmusik im Radiorecorder; es ist Ndongo Lo, sie staunt, dass ich das erkenne. "Wer Ndongo Lo kennt, ist schon fast Senegalese", meint sie, schüttet zum zweiten Mal Erdnüsse nach und muss sich dann um die eingetroffenen Gäste kümmern.

Malamin, Batiklehrer

Malamin ist Gambier, ich habe ihn im Internetcafe kennen gelernt, wo er bei einer Unklarheit zwischen mir und dem Angestellten vermittelte. Er arbeitet als Batiklehrer an der Schule, spricht gut Englisch und macht einen wachen, ener-gischen Eindruck. Wir treffen uns im Buschtaxi wieder; ich lerne Nafi, seine Frau, und Marie, seine Tochter, kennen. Bevor er diesen Job an der Schule annahm, war er professioneller Golfspieler und Trainer des gambischen Präsidenten Dawda Kairaba Jawara, ging im State Building ein und aus, begleitete den Präsidenten auf internationale Golfturniere. Am 22.7.1994 will er sich auf den Weg zum Präsidentenpalast machen, wo er eine Verabredung zu einer Übungsstunde hat, als er im Radio vom Umsturz hört. Als bekannte Person aus dem nahen Umfeld des Präsidenten befürchtet er Repressionen und zieht es vor, über die Landesgrenze nach Senegal ins Exil zu gehen. In seiner Stimme wird tiefstes Bedauern hörbar, als er sagt, dass er seine gesamte Golfausrüstung im Wert von 6000 Dollar im Präsidentenpalast zurücklassen musste. Die sei konfisziert und verkauft worden. Im Senegal muss er neu anfangen, besinnt sich auf seine Kenntnisse aus der Zeit vor seiner Golflehrerkarriere und bewirbt sich als Batiklehrer in einer Schule in Kafountine. Er wird angenommen, lässt sich im Nachbarort Abéné nieder, wo er Nafi kennenlernt und heiratet. Inzwischen besucht er seine Familie in Gambia wieder öfter, spielt auch dort wieder Golf.

Marie Ba muss heiraten

Die selbstbewusste junge Frau ist 21 und wird von der Familie gedrängt, doch endlich zu heiraten. Sie weist den ersten Mann zurück, bald wird ihr ein zweiter Kandidat noch dringlicher angeboten. Auch den will sie nicht und flieht ins nahe Gambia zu Verwandten, bleibt dort mehrere Wochen.
Den dritten Angriff kann sie nicht abwehren. Ohne ihr Wissen wird eine Heirat arrangiert, ihr zukünftiger Mann ist fast 20 Jahre älter und lebt überwiegend in Deutschland. Sie bekommt eine Einladung nach Dakar zu Verwandten, wo sie die Möglichkeit erhält, eine Friseurausbildung zu beginnen. Viel ist die Rede von Badara, einem entfernten Verwandten, der es in Deutschland zu etwas gebracht hat, regelmäßig Geld an die Eltern schickt, auch für Marie ist öfter etwas dabei. Bald wird ihr

ein Foto von Badara präsentiert und deutlich gemacht, dass dieser großzügige, weitgereiste, zu Wohlstand gekommene Mann ihr zukünftiger Gatte ist. Er hat auch die Kosten für die Friseurausbildung übernommen. Die Heirat ist schon arrangiert, sie findet in Abwesenheit des Ehemannes statt, ein Vorgang, der im Senegal nicht ungewöhnlich ist[1]. Marie hat nicht die Kraft, sich in Dakar und ohne den Rückhalt ihrer Mutter zu widersetzen. Die Friseurschule macht ihr Spaß, sie ist erfolgreich, will die Ausbildung beenden, ist auch von der Aussicht auf den reichen Mann und die Hochzeitszeremonie im Rahmen der Familie eingenommen. Sie heiratet Badara "in Abwesenheit".

Als dieser einige Zeit später in den Senegal kommt, wird sie angehalten, die Ausbildung abzubrechen und von Dakar zu ihm in die Casamance zu ziehen. Die schöne junge Frau wird schnell schwanger. Das Zusammenleben ist nicht harmonisch, die beiden verstehen sich nicht gut. Erst jetzt erfährt Marie, dass ihr Mann in Deutschland verheiratet ist und auch im Senegal schon eine Frau und Kinder hat. Sie bekommt mit, dass er auch während ihres frischen Zusammenlebens weitere Frauen hat. Damit ist sie nicht einverstanden und macht das deutlich; es kommt zu Streit, auch zu Schlägen während der Schwanger-schaft. Marie geht zu ihrer Mutter zurück; sie will nicht mehr mit dem Mann leben. Dieser will sie zurückhaben, versucht eine Versöhnung zu erreichen, scheitert aber an Maries Widerstand. Die Beziehung scheint zerstört. Aus verletztem Stolz weigert sich der Mann, für Marie und das inzwischen geborene Kind verantwortlich zu sein, für beide zu sorgen. Die junge Mutter erfährt keinerlei Unterstützung von ihm. Das Baby wird krank, Marie bittet ihren Mann um Geld für notwendige Medikamente, welches er verweigert.

Während der Schwangerschaft arbeitet Marie als Haushaltshilfe bei Monique, einer älteren Französin. Als diese bemerkt, wie schwer Marie das Arbeiten in der Schwangerschaft fällt, stellt sie ein anderes Mädchen ein und kümmert sich weiter um Marie, zu der sie eine mütterlich-freundschaftliche Verbindung entwickelt. Sie veranlasst und bezahlt eine Entbindung in einem Krankenhaus in Serekunda/Gambia, in dem sie selbst als Krankenschwester gearbeitet hat. Die Geburt des kräftigen, etwa fünf Kilo schweren Mädchens ist nicht einfach. Die Französin, vorher schon gesundheitlich angeschlagen, wird kurz vor Maries Entbindung schnell ernstlich krank und stirbt, noch bevor sie das Kind von Marie sehen kann. Marie gibt ihm den Namen Nayscha Monique. Gelegentlich bekommt Marie etwas Geld für Nayscha von Moniques Mann. Marie wohnt mit Nayscha bei ihrer Mutter, verkauft Saft, nimmt Gelegenheitsjobs an, vertritt ihre Mutter, die auf dem kleinen Markt Palmöl und Früchte verkauft und damit die Familie ernährt. Einen anderen Teil zum Familienunterhalt trägt Malamin bei, den die Mutter einige Jahre nach dem Tod von Maries Vater, einem Militär, geheiratet hat. Marie würde liebend gerne ihre in Dakar begonnene Ausbildung zur Friseurin beenden. Die Tätigkeit habe ihr Freude gemacht und sie sei unter den besten ihrer Klasse gewesen. Außerdem sei es ganz wichtig, dass man mit einem Beruf unabhängig sei und für sich selbst sorgen könne.

(1) Vgl. hierzu: Paul Bassogog, Mon Mariage avec un Inconnu. in: Destination Afrique (Nov./Dez. 1996) Lettre du village. Eine Heirat mit einem bis dato unbekannten, aber immerhin anwesenden Mann beschreibt die Senegalesin Khady in dem Roman "Die Tränen der Töchter" (s. Literaturangaben)

Matthieu

Matthieu ist als Gardien bei einem Weißen angestellt, der ein Häuschen im Ort hat; dieses und das Haus nebenan werden von Matthieu bewacht. Er kümmert sich um den Garten, fegt, räumt auf und beseitigt kleinere Schäden. In einem Zimmer hinter dem Carport wohnt Matthieu, Toilette und Wasser sind auf dem Grundstück für ihn vorhanden.

Matthieu stammt aus dem Nachbardorf, wo seine Eltern und seine Geschwister wohnen. Seit er bei einem bzw. zwei Weißen arbeitet, ist die Beziehung zur Familie schwieriger geworden. Matthieu klagt, dass Mutter und Geschwister ihn bei jedem Besuch bitten, ja drängen, Geld zu geben. Er habe dadurch jetzt auch nicht mehr als vorher und zudem die Lust verloren, seine Familie zu besuchen.

Dieter, der Deutsche, bei dem Matthieu angestellt ist, schlägt seinem Gardien vor, ein Bankkonto einzurichten, auf das jeweils die Hälfte eines Monatslohnes eingezahlt werde, die andere Hälfte erhalte er weiter bar auf die Hand. Matthieu ist einverstanden, er reduziert in der nächsten Zeit die Besuche bei den Eltern deutlich.

Dieter hat den "grünen Daumen" seines Gardien bei den Garten-arbeiten beobachten können und kauft ein Grundstück, etwa fünf Kilometer vom Haus entfernt. Er bietet Matthieu an, hier einen Gemüsegarten anzulegen, diesen zu pflegen und die Ernte zu verkaufen. Gemüse ist rar und teuer im Ort.

Matthieu ist begeistert. Dieter sorgt dafür, dass das Grundstück umzäunt, ein Brunnen gebohrt und eine kleine Hütte zur Aufbewahrung der nötigen Werkzeuge errichtet wird. Matthieu hat genug Zeit sich um die Bewässerung zu kümmern, er baut Tomaten, Möhren, Zucchini, Maniok, Paprika an, zudem pflanzt er Zitrusfrüchte. Jeden Tag fährt er mit dem Rad zum Garten, gießt die Pflanzen. Die erste Ernte ist spärlich, aber lässt sich vollständig zu einem guten Preis verkaufen; Matthieu ist zufrieden, hat etwas mehr Geld zur Verfügung bzw. gibt einen Teil des Erlöses auf das Sparkonto.

Obwohl Dieter geraten hatte, von der neuen Tätigkeit den Eltern nichts zu erzählen, bekommen diese kurz vor der zweiten Reifeperiode mit, dass der Sohn eine zusätzliche Einkommensquelle hat. Mutter und Geschwister tauchen beim Garten auf, klagen Matthieu an, dass er ein schlechter Sohn sei, ihnen seinen Reichtum verschwiegen habe, der Familie nichts abgeben wolle. Matthieu wird schwach, gibt einiges vom Gemüse und den Früchten an die Familienmitglieder. Die sind zufrieden, die Beziehung zur Familie scheint sich wieder zu normalisieren.

Matthieu fällt nach kurzer Zeit auf, dass jemand im Garten wildert, bald überrascht er seine Mutter, die sich zusammen mit Matthieus Schwester dort selbst bedient. Auch andere Familienangehörige kommen immer öfter in Matthieus Abwesenheit vorbei, nehmen sich von den Früchten und vom Gemüse, was sie gerade brauchen. In kurzer Zeit ist kaum noch etwas da, was verkauft werden könnte; das Einschreiten von Dieter verhindert, dass das kultivierte Gelände vollständig geplündert wird.

Matthieu hat eine Idee: Der Trinkwasserbedarf in einigen Ortsteilen wird über die Belieferung mit Wasserkanistern geregelt. Nicht überall gibt es eine Wasserleitung, und die Brunnen der nah am Flussarm gebauten Häuser liefern nur Salzwasser. Matthieu hat eine Unterversorgung mit Trinkwasser ausgemacht. Er legt anschaulich dar, dass eine Investition in die Trinkwasserlieferung eine todsichere Sache sei, je Kanister könne man 50 CFA einnehmen, bei 20 Kanistern auf einer Charette wären das schon 1000 CFA, und den Weg nach Sambou, wo die Kunden wohnen, könne man mindestens dreimal am Tage machen. So komme man auf eine Tageseinnahme von 3000 CFA, davon abgerechnet der Lohn für den Lieferer, nicht mehr als 1500 CFA. Das Trinkwasser könne man umsonst aus einem nahen Brunnen schöpfen. Das klingt alles einleuchtend, Matthieu scheint das Unternehmen wirklich durchdacht zu haben. Mit der finanziellen Unterstützung von Dieter wird ein Esel angeschafft, eine alte Charette und zwei Dutzend 10-Liter-Kanister. Matthieu, mit der Beaufsichtigung der beiden Häuser und seiner Gartenarbeit gut ausgelastet, besorgt jemanden, der täglich die Kanister füllt, mit dem Karren in die zwei Kilometer entfernten Ortsteile fährt, Wasser verkauft und wieder zurückkommt. Der junge Gardien und Gärtner wird mit Hilfe seines weißen Gönners zum Kleinunternehmer.

In diesem Moment beginnt allerdings auch schon der Abstieg: der junge Mann, den Matthieu nach langer Suche gefunden hat, ist unglaublich phlegmatisch und wenig interessiert. Mal kommt er sehr spät, öfter gar nicht, er braucht unglaublich lange zum Füllen der Kanister und für den Weg, kommt oft mit vielen vollen Kanistern zurück, die Abrechnungen stimmen nicht, kurz: es ist ein Debakel mit dem Jungen, der, noch bevor Matthieu oder Dieter ihm die Zusammenarbeit aufkündigen können, einfach gar nicht mehr kommt.

Jetzt wird auch deutlich, dass die Profitprognosen von Matthieu nicht ganz stimmen. Es gibt doch mehr Wasserlieferanten als angenommen, eine Konkurrenz existiert und hat den Markt in der Hand, und die Einnahmen sind weder sicher noch so hoch, wie Matthieu es sich gedacht hat. Seine Suche nach einem neuen Helfer betreibt er halbherzig, gibt sie schließlich auf; der Esel, dessen Zusatzfutter bezahlt werden muss, wird verkauft, die Charette und die Kanister stehen einige Zeit herum. Matthieus Karriere als Kleinunternehmer ist erst einmal zu Ende.

Als der junge Mann kurze Zeit später auffällig lustlos und auch etwas abgemagert erscheint, erfährt Dieter auf seine dringliche

Nachfrage, dass die Verwandten wieder einmal Druck ausüben und Geld verlangen. Ein Krankheitsfall in der Familie erfordere Matthieus Solidarität, es werde Geld gebraucht für Medikamente, er verdiene ja gut bei den Weißen. Matthieu hat den Attacken nicht widerstehen können und – ohne mit Dieter zu reden – vom Bankkonto Geld abgehoben. Von der angesparten Summe ist kaum noch etwas da. Matthieu bekommt kurz darauf mit, dass der Krankheitsfall völlig aufgebauscht war und reagiert mit einer Depression, bevor es Dieter schließlich gelingt, ihn zum Reden zu bewegen. Sie kommen überein, im Interesse von Matthieu das Bankkonto zwei Jahre lang für alle Abhebungen zu sperren.

Als Matthieus Freundin im nächsten Jahr schwanger wird, lockert sich der Zugriff der Familie allmählich. Das Paar heiratet, und nun ist klar, dass der junge Mann für seine eigene Familie aufkommen muss.

Eine Familie im Senegal

Amadou Fall lebt im Quartier Ndofane in Thiès in einem Compound, einem geschlossenen Wohnbereich, der sich auf einer Fläche von 500 Quadratmetern aus mehreren kleinen Häusern und Anbauten zusammensetzt. Ein großes eisernes Tor schließt den Hof zur Sandstraße ab. Amadou ist 43 Jahre alt, es geht ihm gut. Er hat einen festen Arbeitsplatz bei der Post, wo er in der Autowerkstatt für die Wartung und Reparatur der Postwagen zuständig ist als eine Art zweiter Werkstattleiter; er verdient für die hiesigen Verhältnisse recht gut, umgerechnet 300 Euro pro Monat. Dazu kommen unregelmäßige, aber nicht unwesentliche Einnahmen aus den Gefälligkeiten, die er in der

Werkstatt an den privaten Autos der Postbeamten oder auch für Freunde durchführt.

Amadou hat weder ein Studium noch eine Ausbildung, ja nicht einmal einen regelmäßigen Schulbesuch mit Abschluss hinter sich. Seine schnelle technische Auffassungsgabe, sein Improvisationstalent und die Beziehungen seines Onkels zur regionalen Postleitung haben ihm vor vielen Jahren eine Arbeit im Fuhrpark verschafft und den Aufstieg gesichert. Weiter geht es bei der Post für ihn nicht, aber im kommerziellen Bereich sieht er noch eine Zukunft.

Als Amadou 25 Jahre alt ist und schon drei Jahre als Mechaniker bei der Post arbeitet, heiratet er Fatou. Seine mehrjährige Freundin, sieben Jahre jünger als er, hat schon ein Kind von ihm, die zweijährige Fatou Maymouna, und bringt einige Zeit nach der Heirat das zweite Kind, Karim, zur Welt.

Das Paar wohnt bei Amadous Eltern, Amadous älterer Bruder Gorgui ist damals gerade nach Marokko gegangen, sein Zimmer ist frei und reicht dem Paar und den Kindern für den Anfang aus. Nach drei Jahren folgt das dritte Kind, Maty.

Amadous Arbeit findet Anerkennung, man mag ihn, zudem legt sein Onkel ein gutes Wort für ihn ein, sodass er trotz seines jungen Alters mit 29 Jahren den Posten des stellvertretenden Werkstattleiters nach dessen Pensionierung übertragen bekommt. Von einem befreundeten Fußballspieler, der kurze Zeit in Frankreich gespielt hat und zu etwas Geld gekommen ist, kann er einige Zeit später günstig einen gebrauchten Kleinbus übernehmen. Er baut ihn zum Taxi um, erwirbt eine Lizenz und erzielt dadurch eine nicht unerhebliche Zusatzeinnahme. Zu dieser Zeit denkt er daran, eine zweite Frau zu heiraten, die Tochter eines Arbeitskollegen. Sein Vater ist unterdessen verstorben, Amadous Mutter Seynaba und seine Schwester Aicha wohnen im Compound, wo Amadou einige Erweiterungen vornehmen lässt, bevor er im Alter von 33 Jahren seine zweite Frau Mariama heiratet. Mariama ist 20 und bringt noch im ersten Ehejahr ein Mädchen, Bine, zur Welt, zwei Jahre später den Sohn Mohamed. Zur gleichen Zeit ist auch seine erste Frau wieder schwanger, deren Kind aber wenige Wochen nach der Geburt stirbt. Amadou ist 37, als Fatou, seine erste Frau, den Sohn Alassane gebärt, und er ist 38, als seine zweite Frau den Sohn Boubacar zur Welt bringt.

Etwa zu dieser Zeit kann er zwei Stadttaxis von einem in finanzielle Not geratenen Freund übernehmen, seine eigene finanzielle Situation sieht dadurch sehr gut aus.

Als Amadou 40 Jahre ist, stirbt ein jüngerer Cousin in Dakar, mit dem er sich gut verstand. Amadou nimmt dessen junge Frau – sie ist 19 Jahre – in seinen Hof auf, heiratet sie wenig später. Nabou bringt eine zweijährige Tochter mit in die Ehegemeinschaft. Nabou wird schwanger, im folgenden Jahr wird das Mädchen Kine geboren.

Mittlerweile leben im Gehöft neben Amadous Frauen und Kindern noch ein Sohn seines Onkels Aidara, Kofi (24), der als Taxi-Chauffeur für Amadou arbeitet, und André, der 18jährige Sohn seiner Schwester Sadhio, die in der Nähe von Matam wohnt. André geht zum Lycée Malick Sy und wird im nächsten Jahr sein Abitur machen. Auch die Mutter von Amadou, mittlerweile 65 Jahre, wohnt weiter dort sowie Aicha (35), die jüngere Schwester Amadous, die in ihrer geistigen Entwicklung zurückgeblieben ist und keine Aussicht auf einen Mann und eine Heirat hat.

Amadou ist heute 43 Jahre alt und hat 9 Kinder, mit seiner ersten Frau vier, mit der zweiten drei, mit der dritten zwei. Sein ältestes Kind ist 20, sein jüngstes zwei Jahre, seine dritte Frau, Nabou, ist wieder schwanger.

Amadou ernährt mit seiner Arbeit und seinen Geschäften 17 Personen im Haushalt, unterstützt ferner Frau und Kinder seines Bruders Gorgui, der nur noch selten aus Marokko Geld schickt und schon lange nicht mehr zu Besuch gekommen ist.

Unregelmäßig bzw. in Notfällen unterstützt Amadou im Verwandtenkreis die Eltern seiner Frau Mariama, die Schwester seines Vaters und eine Schwester seiner Mutter.

Seine älteste Tochter Fatou Maymouna, die ein Kind von Kofi, Amadous Cousin, hat, ist etwa gleich alt wie seine jüngste Frau, beide verstehen sich recht gut, im Unterschied zu Nabou und seiner ersten Frau. Amadous Enkel Naisha ist so alt wie sein jüngstes Kind Kine. André und Maty sind verliebt. –

Die Altersstruktur der senegalesischen Familie ist gegenüber derjenigen in westlichen Familien üblichen viel breiter angelegt bzw. stärker aufgelöst. Das Alter von Ehepartnern differiert wegen des viel stärker ausgeprägten Versorgungsdenkens, der in ländlichen Gegenden weiterhin üblichen Tradition der frühen Verheiratung, der Elternbestimmung bei der Partnerwahl und auch aufgrund der islamischen 4-Frauen-Option sehr stark. Es ist nicht unüblich, dass ein sehr junges Mädchen mit einem gut situierten älteren Mann auf Druck der Eltern verheiratet wird.[1]

Ungewöhnlich ist für das westliche Familiendenken ferner die fehlende Unterscheidung zwischen Bruder, Halbbruder und Cousin. Die Bezeichnung "Bruder" umfasst alle diese Verwandtschaftsbeziehungen und möglicherweise auch – ohne jede Blutsverwandtschaft – die Jungen einer Altersgruppe, die durch soziale Bindungen, Initiationsriten etc. eine enge Beziehung haben. Ähnliches gilt für die Bezeichnung "Schwester". In Gesprächen wird die Verwandschaftsbeziehung von Geschwistern meist mit den Zusätzen "même père, même mère", "même mère" oder "même père" spezifiziert.

Die Unübersichtlichkeit der "genauen" Verwandtschaftsbeziehungen wird durch die üblichen innerverwandtschaftlichen Partnerbeziehungen noch verkompliziert. Heiraten zwischen Cousins und Cousinen, Halbgeschwistern, Großcousins und -cousinen etc. kommen nicht nur oft vor, sondern sind üblich und erwünscht, da die Zugehörigkeit des Partners zur eigenen Bezugsgruppe damit gegeben ist und das eigene verwandtschaftliche und ethnische Umfeld einem fremden fast immer vorgezogen wird.

(1) Einen Einblick in die Familienverhältnisse einer senegalesischen Großfamilie gibt der Roman "Die Tränen der Töchter" von Khady auf den ersten 80 Seiten (s. Literaturangaben).

Mamadou: Bitte anrufen ...

Meine Schwester Khady hatte Herbert und Klaus kennen gelernt, zwei Weiße aus Hamburg, très sympa, sie haben sich gut verstanden. Sie haben ihr versprochen zu helfen beim Hausbau Die zwei Zimmer haben nur eine Plastikplane, kein richtiges Dach; ihr Mann ist gestorben, jetzt fehlt das Geld, um das Haus fertigzustellen. Dafür wollten die beiden ihr Geld schicken. Sie hat aber kein Konto. Da hat sie die Kontonummer und Telefonnummer von einem guten Bekannten angegeben und gesagt, dass es ihr Ehemann sei, um die Sache zu vereinfachen. Das ist jetzt zwei Monate her. Alioune, der Bekannte, sagt, es sei kein Geld angekommen. Khady weiß nicht, ob sie ihm trauen kann. Vor einigen Wochen hatte er plötzlich neue Kleider, hat sich ein neues Handy gekauft, isst besser und teurer. Kannst du nicht in Deutschland anrufen bei Herbert oder schreiben und fragen, ob er Geld überwiesen hat? Morgen bringe ich dir die Adresse und Telefonnummer.

Eindrücke

Toiletten

Klobrillen sind im Senegal Billigware aus Plastik und halten nicht lange. Doch werden auch die defekten Teile von der Putzfrau immer wieder aufgelegt, selbst wenn sie verrutschen und schnell herunterfallen. Manchmal stehen sie auch neben dem Klo, damit der Toubab sieht, dass eine Klobrille vorhanden ist und er sie bei Bedarf auflegen kann. Man scheint vom Sinn und Nutzen dieses Utensils nicht recht überzeugt zu sein und betrachtet es mehr als ein Zugeständnis an den westlichen Gast und dessen zahlreiche Eigenarten. Auf einer Senegalreise habe ich als Gastgeschenk eine stabile Klobrille aus Holz inklusive Befestigungsmaterial mitgebracht. Mein westlich eingestellter Freund und seine Frau zeigten sich erfreut über den nützlichen Einrichtungsgegenstand; wir waren beim letzten Besuch über dessen Unterrepräsentation und Unterbewertung in senegalesischen Haushalten einer Meinung gewesen. Die Klobrille stand während meines Aufenthaltes im Wohnzimmer; beim nächsten Besuch war sie weder dort noch auf dem Klo zu sehen. Ich fragte nach und erfuhr, sie sei irgendwann verschwunden ...

Die "chaises anglaises" sind in den touristischen Einrichtungen im Lande die Regel, die Senegalesen selbst tun sich mit dem Sitzklo schwer; bei der einfachen Bevölkerung ist diese westliche Einrichtung noch nicht angekommen. Hier herrscht weiter die Freiheit, seinen Haufen in den Busch oder auf den Strand zu setzen oder die Latrine aufzusuchen, das Loch im Boden hinter der Hütte, Und wenn ein wassergespültes Sitzklo vorhanden ist, scheint die Säuberung desselben nach Gebrauch für viele Senegalesen eher eine Zumutung.

Eine befreundete Deutsche, mit einem Senegalesen verheiratet und seit Jahren im Senegal wohnend, beklagte sich, dass es unmöglich sei, ihre Angestellten, die Gemüse und Blumen auf dem großen Grundstück pflegten, zum Gebrauch der ihnen zur Verfügung stehenden Toilette zu bewegen. Immer wieder finde sie die Haufen auf dem Gelände. Ihr Hausmädchen habe sie immerhin erfolgreich davon abbringen können, die Dusche als Pinkelstelle zu benutzen.

Kinder pinkeln in eine Ecke oder auch mal in die Mitte des Hofes in den Sand, was die freilaufenden Hühner und Ziegen ebenfalls tun. Im Sand wird auch gespielt, gesessen, herumgetollt, das heruntergefallene Brot wird aus dem Sand genommen und in den Mund gesteckt – eine Hygienekultur im westlichen Sinne gibt es kaum.

Öffentliche Toiletten sind meist eine Katastrophe; auf einer Fahrt mit der "Djoola" von Ziguinchor nach Dakar standen die beiden Toiletten im Bereich der untersten Ticket-Preisklasse nach zwei Stunden zentimeterhoch unter Urin, stanken fürchterlich und waren nicht mehr begehbar, geschweige denn benutzbar. Die Toilette im oberen Restaurantbereich sah schlimm aus, ließ sich aber notgedrungen noch benutzen. Ähnlich war es bei einer Zugfahrt von Bamako nach Dakar. Da hier in einer Toilette auch die Spülung nicht funkionierte, ergab sich ein noch unangenehmeres Bild.

Auf den Gares Routières gibt es meist keine Toilettengebäude, sondern Ecken, in denen das kleine Geschäft erledigt werden kann und Verschläge hinterm Tangana*, dem Mini-Restaurant, fürs große Geschäft. Die Hockhaltung auch des senegalesischen Mannes mit leicht gespreizten Beinen ermöglicht eine Erleichterung, ohne dass der Intimbereich den Blicken zur Schau gestellt wird. Es ist eine Kunstfertigkeit, sich hierbei nicht die langen Kleidungsstücke zu beschmutzen.

Die privaten Aborte hinter den Hütten sind in der Regel sauber; Geruch und Optik habe ich kaum einmal als auffällig oder gar unzumutbar empfunden. Dass abends mal Kakerlaken herumsausen, lässt sich kaum vermeiden und gehört zu den Phänomenen, mit denen man sich als Individualtourist arrangieren muss. Nur die Hockhaltung über den ummauerten Löchern ist für den ungeübten Reisenden anstrengend. Wer auf die landesübliche Säuberung mit Wasser aus dem "Satala"*, dem Kessel aus buntem Plastik, und der linken Hand verzichten will, muss an Papier denken, das auf dem Lande auch schon mal schwer zu bekommen ist; Tempotücher aber gibt es überall.

Parce que

In den auf Wolof geführten Unterhaltungen, die ich mithöre, aber nicht verstehe, denen ich im Buschtaxi, Restaurant oder in Gruppen von Einheimischen gerne lausche, fallen zwischendurch immer wieder einzelne französische Wörter. Es fiel mir auf, dass die Konjunktion "parce que" häufig gebraucht wird. Mitten im Wolof-Satz steht das französische "parce que" wie ein unvermittelt auftauchender Fremdkörper, ein seltsamer Bruch im nicht zu verstehenden, aber angenehm anzuhörenden Sprachfluss. Wenn es ein Fachbegriff wäre, ein technischer Terminus, ein mit der Kolonialgeschichte verbundenes Wort würde mich das wenig wundern, aber die logische Verknüpfung des Französischen mitten im Klangteppich der einheimischen Sprache fällt auf und veranlasst zum Nachdenken. Gibt es kein entsprechendes Wort in den einheimischen Sprachen, im Wolof, Serer, Peul, Mandinka? Ich fragte einheimische Freunde, schaute im Wolof-Sprachführer von Michael Franke[1] nach, erkundigte mich bei Wolof sprechenden Deutschen, bekam aber keine befriedigende Auskunft.

Nun will ich keinen schnellen Schluss ziehen, dass eine Sprache, in der ein "weil" importiert werden muss, eine Haltung widerspiegelt, die der Kausalität wenig Bedeutung beimisst. Andererseits erfahre ich auf den Reisen, bei Begegnungen, dass die Bereitschaft der Menschen, sich kausaler Denkstrukturen zu bedienen, geringer ausgeprägt ist als in meiner Herkunftskultur.

Am Gare Routière von Ziguinchor warte ich auf weitere Fahrgäste für die Fahrt nach Sedhiou; wir sind seit fast einer Stunde zu zweit, eine Frau in mittleren Jahren und ich, und in der Mittagshitze wird das Warten etwas unangenehm. Bananen und Erdnüsse habe ich schon gekauft, eine Fanta getrunken, mal hier und da herumgeschaut. Nun sitze ich bei offener Tür auf meinem Platz, dem Beifahrersitz, und versuche ein Gespräch mit der hinter mir sitzenden Frau zu beginnen. Sie wolle nicht ganz bis Sedhiou, wohne in einem Dorf einige Kilometer davor, habe Besuche und Einkäufe in Ziguinchor gemacht. Dann meine ich, dass es heute nicht viele Fahrgäste nach Sedhiou gebe. Ja, es gebe heute nicht viele, stimmt meine Gesprächspartnerin zu. Ob es vielleicht daran liege, dass heute Montag sei, frage ich. Nein, daran liege es nicht. Ich warte noch einen Moment, bin etwas irritiert über die prompte und entschiedene Antwort, der aber keine Erklärung folgt. Dann ist das Gespräch vorerst beendet.

Meine Mitfahrerin hat kein Interesse, auf mein Begründungsangebot einzugehen und Erklärungen für die Tatsache zu suchen, warum wir so lange auf weitere Passagiere warten müssen. Vielleicht ist diese Alltäglichkeit keinen weiteren Gedanken wert? Manchmal gibt es Passagiere, manchmal nicht, da braucht man nicht groß nach Erklärungen zu suchen, vermute ich. Sie vermeidet die "parce que"-Haltung, die mir als Toubab so nahe liegt: immer schnell eine Begründung suchen, immer wissen wollen, warum etwas so ist. Es fällt mir tatsächlich oft schwer, das, was mich verwundert und irritiert, zuerst hinzunehmen und nicht gleich nach Erklärungen, Begründungen zu suchen. Es beruhigt mich, wenn ich eine Ursache für etwas entdecken kann. Ich weiß nicht, ob die Logik wirklich hilft, die fremden Situationen zu verstehen. Eher will mein Kopf das Fremde nach gewohnten Mustern einordnen und die Irritationen dadurch mildern.

Auf einer Fahrt mit dem Buschtaxi von Brikama nach Serrekunda zahle ich drei Dalasi, bei der Rückfahrt von Serrekunda nach Brikama verlangt der Fahrgeldeintreiber vier Dalasi. Auf den freundlichen Hinweis hin, für die gleiche Strecke am Vormittag drei Dalasi gezahlt zu haben, nickt der Mann zustimmend und sagt, ja, die Fahrt von hier nach Brikama koste aber vier Dalasi. Da es offenbar keinen Grund für diesen Preisunterschied gibt, was ich jedoch unbefriedigend finde, versuche ich es mit einer ironischen Bemerkung: "It's because this way is longer than the other one?" "Yes", meint der Mann ernsthaft, "it's longer". Da hatte ich meine Begründung und zahlte vier Dalasi.

Später las ich in einem Reisebericht, dass es in bestimmten Regionen Afrikas durchaus üblich ist, für die Hin- und Rückfahrt auf einer Strecke unterschiedliche Fahrpreise zu verlangen. Es handelte sich dabei um bergige Gegenden, und die Fahrpreise entsprachen dem unterschiedlichen Benzinverbrauch auf den Strecken bergauf oder bergab. Eine plausible Erklärung, die aber für mein Erlebnis nicht gelten konnte.

In einem Tangana* soll ich für das leckere Mafé-Essen 600 CFA bezahlen; draußen hängt ein Schild mit der verwaschenen Kreideaufschrift "Mafé 500 CFA". Ich mache die freundliche Bedienung Mariama auf den Irrtum von 100 CFA aufmerksam. Wir gehen gemeinsam vor die Tür, schauen hoch zu der Kreideaufschrift, die mir Recht gibt. Ja, 500 CFA, bestätigt Mariama lachend, nimmt ein Tuch, wischt die 500 weg und schreibt mühsam 600 auf die Tafel. Schon stimmt der Preis, und ich stimme in das Lachen mit ein.

Das eigene westliche Denken, mit dem ich das "parce que" verbinde, relativiert sich bei längeren Aufenthalten im Lande oder wenn man bereit ist, sich mehr auf die Menschen, den Alltag, die Kultur einzulassen als auf Exotik und Küstenurlaubsatmosphäre. Eine Gelassenheit kommt hinzu, die wiederum mehr Aufmerksamkeit für das Hier und Jetzt freisetzt.

Im Senegal spielt für eine weniger kausal ortientierte Einstellung der Menschen vielleicht auch die kulturelle Verwurzelung im eher fatalistisch orientierten Islam eine Rolle. "Inshallah" – so Gott will – hört man sehr oft. Die Wendung kann der Ausdruck eines weitreichenden Fatalismus sein oder auch nur eine geläufige Floskel; grundsätzlich viel verbreiteter als im europäischen Kulturkreis ist im islamisch geprägten Senegal (95% der Bevölkerung sind Muslime) die Bereitschaft, das Kommende im Guten wie im Schlechten Allah zu überantworten. Das Sprichwort "Yàlla yàlla bey sa toll" (Vertraue auf Gott, aber bestelle dein Feld) rückt zwar die Eigenaktivität, die Eigenverantwortung neben das Gottvertrauen. Zugleich ist die Ergebung in ein von Allahs Willen geleitetes Weltgeschehen im Alltag recht verbreitet, und eine solche Haltung bietet wenig Anlass, sich mit aufwändigen Erklärungen, Begründungen oder Ursachenforschungen abzugeben.

Für meine eigenen Reiseerfahrungen kann ich, ohne in verklärendes Schwärmen fallen zu wollen, sagen: je weniger Planungen, Erwartungen, Zielvorstellungen ich mitbringe bzw. festhalte, desto mehr kann ich erleben, desto leichter wird der Aufenthalt im Land. Das ist bei einer Aufenthaltsdauer von drei Wochen sicher schwierig, und Absichten, wie den Flieger pünktlich zu erreichen und Wasser nur aus Flaschen zu trinken, sind davon eher ausgenommen. Es bleiben aber viele Erwartungen, deren sich der westliche Reisende erst dann bewusst wird, wenn sie nicht wie gewohnt erfüllt werden. Dann mit der veränderten Situation umgehen zu können, nicht an den eigenen Vorstellungen kleben zu bleiben, gibt der Reise eine Offenheit, aus der sich erstaunliche Begegnungen und Erlebnisse ergeben können.

(1) Michael Franke,Wolof für den Senegal. Wort für Wort. Reise Know-How Verlag, Bielefeld; 4. Auflage, Juni 2006

Spiele

In meiner Reisetasche ist eine Ecke für ein kleines Vier-Gewinnt-Spiel reserviert, ein 10 x 10 x 10 Zentimeter großes dreidimesionales Holzspiel mit 16 Stäben und 64 Kugeln. Eigentlich sind diese zu klein, um damit zu spielen, aber groß genug für Demonstrationszwecke. Auf jeden Fall ist es klein genug, um damit zu einem Holzbildhauer im lokalen marché artisanal oder zum Dorftischler zu gehen und zu fragen, ob er eine Vergrößerung dieses Spieles, etwa 20 x 20 x 15 Zentimeter, anfertigen könne und wieviel das koste. Was das denn sei? Wie man das denn spiele? Schon sind wir in einem Gespräch, vielleicht bei einem Spiel, man erfährt weiteres voneinander, und wir machen aus, wann ich wiederkommen kann, um die Grundplatte und Probekugeln anzuschauen. Dreimal habe ich das Spiel im Senegal vergrößern lassen, die Arbeiten fielen sehr unterschiedlich aus. Jedesmal war es ausgesprochen interessant, über diesen kleinen Arbeitsauftrag nicht nur mit dem Anfertiger, sondern schnell auch mit weiteren Menschen in Kontakt zu kommen. Das ist der eigentliche Grund für die Mitnahme des Spieles, dessen große Brüder ich vor Ort verschenke, mit einer Signatur des Handwerkers auf der Spielplatte. Das Spiel selbst ist einfach und schnell erklärt. Unter den Senegalesen habe ich begabte Spieler getroffen, die sehr schnell einen Blick für die anfangs unübersichtliche Chancenvielfalt entwickelten und mich mit originellen Taktiken überraschten und auch überrumpelten.

Beim einheimischen Damespiel auf 10 x 10 Feldern sind die Senegalesen wahre Meister. Am Treffpunkt der alten Männer im Dorf sitzen meist zwei Spieler, umgeben von einem halben Dutzend spielkundiger Altersgenossen, und verbringen ganze Nachmittage mit dem Damespiel. Schnell und mit klatschenden Geräuschen werden die pions auf das Brett geknallt, begleitet von sinnigen Kommentaren. Mehrmalige Versuche mitzuhalten zeigten mir bald, dass ich noch viel üben muss, um einen Sieg über einen der vielen einheimischen Champions erringen zu können.

Die Zahlen in Wolof habe ich mit Hilfe eines Kartenspiels recht bald lernen können. Das Spiel "31 tot" wird mit 32 Skatkarten gespielt, die man auf dem Markt für wenig Geld bekommt und ist einfach und schnell erklärt. Mit Hilfe der Mitspieler hatte ich nach einigen Spielen das eigentümliche Fünferzählsystem der Landessprache Wolof verstanden und konnte "naar fukk ak juroom" plus "juroom-benn" addieren zu "fanweer ak benn". Das klappte auch in Mandinka und war im Kontakt mit einer Gruppe

Deutsch lernender Lycée-Schüler eine schöne Gelegenheit für eine Übung im Rechnen auf Deutsch. Bei dieser Spielerunde bekam ich ein nicht unkompliziertes senegalesisches Kartenspiel beigebracht, dessen Regeln ich leider nicht behalten habe und auf der nächsten Reise nachfragen werde ...

Strandkrebse

Sie schauen mit ihren Stielaugen aus Löchern im Strandsand, prüfen lange, ob alles o.k. ist, kommen erst halb, dann ganz aus ihrem Loch heraus, verweilen ganz nah am selben, bis sie es endlich wagen, sich ein, zwei, ja sogar drei Meter weit vom sicheren Unterschlupf wegzubewegen. Ihre Fortbewegung kann schnell und absolut zielgerichtet sein, besonders dann, wenn sie, durch irgendetwas irritiert, sich auf die Flucht zum Heimatloch machen; sie kann aber auch ganz wechselhaft, unberechenbar in Richtung und Geschwindigkeit sein, manchmal ganz langsam und vorsichtig. Die Tiere müssen über eine enorme Bewegungskoordination verfügen, die ihnen in schneller Folge die abrupten Richtungsänderungen erlaubt.

Etwa 1,5 Meter von meinem Platz entfernt hat ein kleiner Krebs sein Loch. Das Sandhügelchen befindet sich zwischen dem Eingang und mir, nimmt ihm so die Sicht, und er kauert ziemlich verunsichert dahinter, nur seine Sehstengel über dem Sandhäufchen sind zu erkennen. Er kann sie sogar seitlich abknicken, sodass es aussieht, als wolle er mir zublinzeln. Ich gehe aber darauf nicht ein und bin gespannt, was er mit der Situation macht. Es ist mir unklar, warum die Tiere überhaupt draußen herumlaufen, wenn sie soviel Angst haben. Sie scheinen nur herauszukommen, um sich nach kurzer Zeit über irgendetwas zu erschrecken, was ihnen einen Grund gibt, blitzschnell heimzurennen. Sie fressen anscheinend nichts, holen nichts ins Loch, treffen sich nicht mit Kollegen, ja scheinen gerade das vermeiden zu wollen; was soll also das ängstliche Getue? Sollen sie doch im sicheren Erdloch bleiben, würde ich sagen. Manchmal sackt der Körper ruckhaft auf den Boden, als wolle sich der Krebs schnell mal hinsetzen, eben mal ausruhen, denn nach wenigen Sekunden geht es weiter. Vielleicht machen sie gerade in dieser Zeit etwas Wichtiges, was ich nicht mitbekomme.

Einem Tierchen wollte ich den Rückweg verstellen, ehrlich gesagt, seine Heimkehr durch Abdeckelung des Loches unmöglich machen, gewissermaßen um seine Reaktion zu testen. Der Versuch scheiterte schon, als ich aufstehen wollte: Wusch! war das Kerlchen die zwei bis drei Meter zum Loch zurückgerannt.

Nach einer Weile, als es sich endlich wieder traute, seinen Eingang um mehr als 20 Zentimeter zu verlassen, richtete ich mich ganz langsam auf. Doch beim ersten schnellen Schritt – und es waren nur drei bis zum Loch – reagierte er blitzschnell wie zuvor: er war zu Hause und mein Fuß einen Sekundenteil zu spät.

Aus Rache deckte ich den Eingang fest mit einer Muschel zu; das hatte er davon, der Angsthase. Nun wollte ich eigentlich sehen, wie er damit fertig wurde; doch als mehrere Minuten lang nichts geschah, entweder der Schock sehr groß war oder der kleine Spielverderber schon dabei war, sich irgendwo einen anderen Tunnel zu graben, gab ich es auf und ging hurtig heim in meine Höhle.

Alleinsein

Die Wellen laufen sacht am Strand aus, große Krebse eilen mal hier, mal dort hin, zwei Fischerboote in der Ferne kommen von Fang zurück – der zufriedene Weiße genießt die ruhige Strandidylle, gibt sich ganz der meditativen Betrachtung des Meeres hin. Da kommt ein junger Schwarzer in sein Gesichtfeld, und der Toubab weiß schon, dass es nun mit der ungestörten Betrachtung vorbei ist. "Bonjour, Monsieur, ça va?" wird er gefragt, und er möchte antworten "bis gerade noch ...", nickt stattdessen knapp und schaut wieder aufs Meer. Die kühle Reaktion würde in Deutschland vielleicht den Kontaktsuchenden entmutigen, nicht so hier. Der Besucher setzt sich unbekümmert neben den Weißen, schaut auch aufs Meer und stellt die nächste Frage. Von den wenigen kurzen Antworten lässt er sich nicht beeindrucken, bleibt freundlich und interessiert und fragt und erzählt weiter. Und da er nichts verkaufen, zu nichts überreden will, kommt nach einiger Zeit doch ein kleines Gespräch zustande.

Alleinsein ist im Senegal nichts Wünschenswertes. Es ist eher etwas Unbekanntes, da man im (Groß-)Familienzusammenhang von frühester Kindheit an nicht allein ist. Das lange gestillte und auf dem Rücken getragene Kind entwickelt ein Nähe-, ein Gemeinschaftsgefühl, das sich im häuslichen Kreis des familiären Alltagslebens weiterentwickelt. Niemals ist das afrikanische Kind allein, die Geschwister sind da, die Großeltern, die Mütter, die Verwandten, die Nachbarn. Nachts schläft man eng aneinander zu zweit, zu dritt, zu viert im Bett, auf der Matte. Ein "eigenes Zimmer" gibt es nicht. Die Jugendlichen sind mit den Gleichaltrigen enger verbunden als in der deutschen Gesellschaft; in Alters- und Initiationsgruppen prägt sich ein oft lebenslanges Wir-Gefühl, eine bruderähnliche Beziehung.

Wer allein ist, ist es in der Regel nicht gerne; wer helfen kann, das Alleinsein eines Familienmitgliedes oder Freundes zu vermeiden, tut dies.

Das eigene Selbstverständnis entwickelt sich im Rahmen dieses familiären und ethnischen Zusammenhangs und ist nicht so sehr von der bei uns wichtigen Individualisierung über die Unterscheidung zu anderen bestimmt. Weniger die Andersartigkeit bestimmt in erster Linie die Identität, mehr ein Zugehörigkeitsbewusstsein zu Familie, Jahrgangsgruppe, Ethnie. Solche Zugehörigkeitskriterien gelten stärker als in Mitteleuropa und sind immer noch, wenn auch zunehmend weniger, für die Entwicklung des jungen Menschen im Senegal wichtig.

Die bestimmende Rolle der Älteren, z. B. ihre Autorität, wird mehr und mehr in Frage gestellt. "Generation boulfalé" ist ein Schlagwort für die Jugendlichen, die sich nichts mehr von den Alten sagen lassen wollen, die ihren Weg gehen, ihre Musik hören, ihre eigenen Regeln befolgen wollen.

Trotzdem bleibt der verwandtschaftliche Zusammenhang eine lebens- und überlebenswichtige Verbindung. Die Verwandtschaft ist oft weit verzweigt, überall im Lande sind die mehr oder weniger nahen Verwandten verstreut, und diese Kontakte können, wenn sie auch noch so entfernt oder sporadisch sind, bei Reisen viel leichter als bei uns in Anspruch genommen werden. Eine Aufnahme im Haus des Verwandten und eine minimale Versorgung sind garantiert.

Diese Offenheit für den Verwandten, aber auch den Gast, zeigt sich in der häufig zu hörenden Aufforderung "Viens manger!", mit der selbst der kaum bekannte Vorübergehende in der Essenszeit bedacht wird. Unter anderem darin zeigt sich die senegalesische Gastfreundschaft, die Teranga.

Andererseits kann sich das einzelne Familienmitglied den unausgesprochenen Verpflichtungen nicht entziehen, ohne Gefahr zu laufen, aus dem absichernden Familiengefüge herauszufallen. Wer sich weigert, den entfernten Verwandten auf Reisen mehrere Tage bei sich aufzunehmen, dem Sohn des Bruders der Zweitfrau des Vaters gegen nur geringes Entgelt für ein Jahr Kost und Logis bis zu dessen Schulabschluss zu gewähren, wer zur Essenszeit den Anklopfenden vor der Tür stehen lässt, wer bei überraschenden Besuchen "keine Zeit" hat, sich verweigert, über den wird hergezogen, sein Ansehen sinkt. Die soziale Kontrolle wirkt gut, vor allem im dörflichen Zusammenhang, der sich in den ethnisch ausgerichteten städtischen Quartieren abgeschwächt reproduziert.

Ein Freund aus Dakar, mit dem ich sein Heimatdorf besuchte, sperrte sich dagegen, mit mir ins Dorfzentrum zu gehen, um einige Besorgungen zu machen. Er war so offen zuzugeben, dass es ihm lästig und zu anstrengend sei, die vielen Freunde und Bekannten zu begrüßen, die er unweigerlich treffen würde. Er könne auch nicht an den Häusern der Verwandten vorübergehen, ohne "Guten Tag" zu sagen – was sich, wie ich mitbekommen hatte, nicht so eben im Vorbeigehen erledigen lässt.[1] Das würde sich hinziehen, und es sei ihm im Moment einfach zu viel. Er blieb zwei Tage überwiegend im Schutze der Wellblechwände des Compounds, nur abends, bei Dunkelheit, war ein gemeinsamer Dorfgang möglich.

Das Ansprechen des allein am Strand sitzenden weißen Touristen geschieht, abgesehen vom häufigen Interesse an irgendwelchen Profiten, vielleicht auch aus Freundlichkeit, aus Mitgefühl.

Da sitzt der Mann bei schönem Wetter ganz allein im Sand, hat niemanden, mit dem er reden kann, verbringt die Zeit, als sei er gestraft. Und der höfliche und Anteil nehmende Einheimische, der ja Zeit hat, setzt sich dazu und bietet ein Gespräch an. Nun ist der Weiße nicht mehr allein, und dieser ärgert sich vielleicht, dass der Schwarze sich an dem menschenleeren Strand genau neben ihm niederlässt und diese nichtssagenden, immer gleichen Kommunikationsversuche unternimmt, die beim Genießen der Strandatmosphäre so störend sind ...

(1) Vgl. Ryszard Kapuszinski, Ein Tag im Dorf Abdallah Wallo: "Nun beginnt ein Austausch gegenseitiger Fragen und Antworten: Wie hast du geschlafen? – Gut. – Und deine Frau? – Gut. – Und die Kinder? – Gut. – Und die Cousins? – Gut. – Und dein Gast? – Gut. – Und hast du etwas geträumt? – Ja. usw. usf. Das dauert sehr lange – je länger wir fragen, je detaillierter dieser Austausch von Höflichkeiten geführt wird, umso größere Achtung beweisen wir unserem Gegenüber. Um diese Tageszeit können wir nicht in Ruhe durchs Dorf schlendern, weil wir uns mit jedem, dem wir begegnen, auf diesen endlosen Austausch von Fragen und Wünschen einlassen müssen, und zwar mit jedem für sich, das können wir nicht mit allen auf einmal erledigen, das wäre unhöflich." in: Ryszard Kapuszinski, Afrikanisches Fieber, S.215f

Hospitation

Es ist Samstag, ich sitze um 10.00 Uhr im heißen Klassenraum der katholischen Privatschule in Diakhao und nehme am Mathematikunterricht teil. Zusammen mit drei Pädagogik-Studentinnen einer Exkursionsgruppe der Ruhr Universität Bochum, die ich eine kurze Zeit bei ihrem Senegal-Praktikum mitbetreue, hospitieren wir für zwei Stunden, um Unterricht und Unterrichtsbedingungen im ländlichen Senegal kennenzulernen. Thema für die 34 Schüler und Schülerinnen der Troisième im Alter von 17 – 18 Jahren ist heute die Winkelberechnung. Der Lehrer ist konzentriert, sachlich, distanziert. Nach einer präzisen, kleinschrittigen Erklärung sollen die Schüler eine einfache Aufgabe, ganz ähnlich der zuvor ausführlich demonstrierten, an der Tafel lösen. Das erste Mädchen, das sich freiwillig gemeldet hat, weiß kaum, wie es das Lineal halten soll und kommt der Lösung auch mit Hilfestellung nicht näher. Die zweite Freiwillige orientiert sich ganz offensichtlich eng am Lösungsweg der ersten Aufgabe. Da dort die Verlängerung der Grundstrecke nach rechts erfolgte, bei der neuen Aufgabe aber nach links nötig ist, liegt sie falsch und schafft den Transfer nicht.

Ein Eimer Wasser und ein nasser Lappen stehen bereit, um die Spuren ihres ergebnislosen Wirkens an der Tafel zu tilgen und eine schmierige, gräuliche Fläche für den nächsten Lösungsversuch zu schaffen. Mit viel Hilfe und Wiederholung kommt die dritte Schülerin, die ebenfalls vom formalen Lösungsschema der ersten Aufgabe ausgeht, zum korrekten Ergebnis. Ich frage mich, wie viele der fingerschnippenden und "Monsieur!" rufenden Schüler und Schülerinnen tatsächlich zu einer angemessenen Lösung der Aufgabe, zu einem Transfer im Stande sind. Außerdem meine ich, einem für das Lernen in Schwarzafrika typischen Prinzip beigewohnt zu haben, dem der Nachahmung. Alle drei Schülerinnen versuchten, so zu handeln wie der Lehrer zuvor. Sie hatten zweifellos genau hingeschaut und gesehen, wie und wo er das Lineal gehalten hat, wie er den Strich gezogen hat. Bei der ihnen gestellten Aufgabe versuchten sie eher das Verhalten des Lehrers zu kopieren, weniger die logischen Arbeitsschritte auf die neue Aufgabe zu übertragen. Die Nachahmung ging übrigens so weit, dass die Handschriften von Schülern und Lehrer an der Tafel kaum zu unterscheiden waren.

In vielen Bereichen erfolgt Lernen in Westafrika über die Nachahmung. Alle Trommeltalente, die später als Trommellehrer in Europa tätig sind, haben ihre Fertigkeiten über das genaue Hören, Hinschauen und Nachahmen gelernt. Und nichts anderes erwarten sie von ihren weißen Schülern in Europa oder bei den Kursen in ihren Heimatländern. Ich habe eine Reihe von schwarzen Trommellehrern kennengelernt, die alle tolle Solisten auf ihren Instrumenten waren, aber kaum Ahnung hatten von der Vermittlung ihrer Fähigkeit, von einer Didaktik des Trommelunterrichts. Vormachen und Nachmachen waren die wesentlichen Lehr- und Lernprinzipien, und wenn ein Schüler es nicht recht schaffte, musste er eben noch genauer hinschauen und der Lehrer machte es speziell für diesen Schüler noch einmal langsam vor.

In den übervollen Klassen afrikanischer Schulen, in denen sich oft mehr als 60 Schüler unter einfachsten Bedingungen elementare Kenntnisse aneignen, ist die Wiederholung die gängigste Lernmethode. In den Fremdsprachen werden die Sätze und Abschnitte im Chor immer wieder nachgesprochen. Bücher, Hefte und Stifte fehlen oft, sodass nichts anderes bleibt, als sich das Wichtigste einzuprägen. Auswendiglernen ist ein beliebtes Verfahren, und darin sind afrikanische Kinder sehr gut – nicht nur in den Koranschulen, wo sie lernen, unverstandene Zeichen als unverstandene Wort- und Satzfolgen zu repetieren.

Es ist kurz vor 12 Uhr; im heißen Klassenraum konzentrieren sich die Schüler und Schülerinnen immer noch auf die Winkelberechnung. Ich werde in der einfachen Holzbank, die für Zehnjährige gemacht ist, allmählich unruhig. Vor mir sitzen in einer Bank drei etwa 15jährige Mädchen, junge Frauen eher, zwei davon, wie oft hier, hochgewachsen. In gut einem Drittel der Bänke sitzen drei Schüler, und das nicht nur, weil heute vier Personen mehr im Klassenraum einen Sitzplatz brauchen. Es ist eine körperliche Leistung, bei Temperaturen weit über 30 Grad zwei mal zwei Stunden die langen Glieder in die unbequemen Holz-/Metallrahmen zu pressen.

Als der Lehrer die Stunde beendet, ist den senegalesischen Schülern und Schülerinnen die Anstrengung nicht anzumerken.

Die Toubabs sind erschöpft und froh, sich draußen bewegen zu können. Zeit für ein Gespräch mit dem Lehrer bleibt leider nicht; nach einem Händedruck und einem Dankeswort unsererseits schwingt er sich auf das Mofa und ist weg. –

Am späten Abend sitze ich im Hof der Gastfamilie vor dem Fernseher, auf dem nun schon zum dritten Mal in dieser Woche der Karatefilm "Shen Sen" läuft, die einzige DVD des Hausherrn, für 100 CFA als schlechte Raubkopie im Ort gekauft. Überwiegend Kinder und Jugendliche schauen dem immer siegreichen Shen Sen zu. Zwischen den starr und teils mit offenen Mündern auf die Mattscheibe gerichteten Gesichtern ist neben mir eins, das auffällt, weil der Kopf dieses Jungen auf das Heft in seinem Schoß gesenkt ist. Er macht im bläulich-fahlen Licht der Mattscheibe Hausaufgaben. Ich erkenne im Schreibheft in Schwarz geschriebene Überschriften: Was ist Geschichte, was ist Methode, was ist Kultur? Darunter in Blau in zwei, drei Sätzen die diktierten oder abgeschriebenen Definitionen. Der etwa Zehnjährige murmelt die Sätze immer wieder vor sich hin, schaut nur selten hoch zum Fernseher, der für ihn primär Lichtquelle für seine Bildungsbemühungen ist.

Maison Impluvium

Bei meinem ersten Aufenthalt in einem Maison Impluvium in der Casamance hatte ich ein eigenartiges Gefühl von Sicherheit und Beheimatetsein, wie ich es zuvor in einer fremden Unterkunft nie erlebt hatte. Der schlichte Lehmbau mit seiner hellen inneren Mitte löste eine Empfindung von Bekanntheit aus, ich hatte den Eindruck, ich wäre schon einmal hier gewesen, hätte schon einmal in einem Haus dieser Bauart gewohnt.

Der Boden des betonierten Mittelbereichs hatte einen Durchmesser von knapp drei Metern, war recht klein, nicht geeignet als Aufenthaltsbereich für mehrere Personen. Das Strohdach war zudem nach innen so stark heruntergezogen, dass man am Randbereich der Aussparung nicht stehen konnte und deren nutzbare Fläche sich dadurch verkleinerte. Das tat meinem Gefühl von Zuhausesein keinen Abbruch, und ich fühlte mich in den drei Tagen des Aufenthaltes wohl und behütet.

Die vom bedachten inneren Umgang abgehenden Zimmer waren klein, von der Form her wie Tortenstücke und nur mit dem Allernötigsten ausgestattet: eine betonierte Bettstatt, einige Haken an der Lehmwand, ein Stuhl. Das kleine Fenster nach außen ließ wenig Licht herein, andererseits auch wenig Wärme, sodass das Innere des Hauses durchgängig angenehm temperiert war.

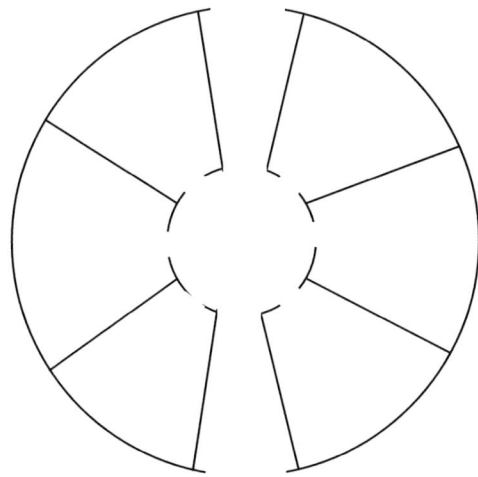

Von außen wirkte das Maison Impluvium trotz des warmen Banco-Farbtons etwas abweisend, die kleinen Fenster machten den wehrhaften Charakter der Anlage deutlich, der diesem Baustil traditionell ebenso zu Grunde liegt

Bauprinzip eines Impluvium-Hauses

wie seine Funktion als Regensammelsystem. Über das schräg nach innen fallende Strohdach läuft das Regenwasser entweder in eine dort befindliche Zisterne oder über einen Ablauf in ein außerhalb angelegtes Reservoir für die folgenden regenlosen Monate.

Es gibt nicht mehr viele dieser Regenhäuser; wenige werden in diesem Stil noch neu gebaut. Dabei wäre ein solcher Bau, etwas großzügiger geplant, mit einer großen, gemeinsam nutzbaren Innenfläche, als Ess-, als Aufenthalts-, als Kommunikationsbereich, eine angemessene architektonische Gestaltung einer gemeinschaftlichen Lebensidee als Wohnprojekt. Das Zentrum wäre eine permanente Aufforderung zu Begegnung und Gespräch. Freilich läge darin zugleich das Problem: Die in die Peripherie verlegte Individualität kann der Gemeinschaft nicht entrinnen. Traditionell gibt es vom Zimmer nur die Tür nach innen – wo schon die Gruppe wartet.

Die soziale Kontrolle ist auch in einer groß gedachten Konstruktion eines Maison Impluvium unumgänglich: Man verlässt unter dem Blick der Gemeinschaft das Haus, um in die Welt zu gehen.

Das Konzept der Sicherheit liegt auch der traditionellen Zimmeraufteilung in den Häusern der Diola zugrunde. Die Seitenzimmer neben dem Eingangsbereich sind den älteren Jungen vorbehalten, die einem eventuellen Eindringling am ehesten Widerstand leisten können. Der Sicherheit der Mädchen und Frauen ist dadurch Rechnung getragen, dass sie weiter im Hausinneren ihre Zimmer haben. Dort sind sie auch der

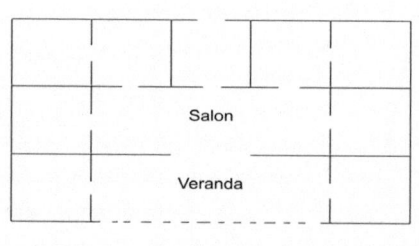

Grundriss Diola-Haus

Kontrolle besser zugänglich, können nicht unbemerkt das Haus verlassen, sich vielleicht mit einem Manne treffen und vielleicht schwanger werden. –

Die traditionell errichteten Häuser haben meist unter dem Hausdach aus Stroh, mit genügend Abstand, eine Zimmerdecke aus mit Lehm, Stroh und Ästen verbundenen Balken. Nur dieser doppelte Schutz vor der Hitze garantiert eine gleichmäßig angenehme Temperatur im Inneren, zu der auch die herabgezogenen Dächer und die dicken Lehmmauern beitragen. Die Kosten für dieses Temperierungssystem sind hoch; heute ist Wellblech das Baumaterial erster Wahl, kostengünstig und universell einsetzbar. Wer allerdings einmal unter einem Zinkdach geschlafen hat, kennt den Wärmestau, der auch tagsüber bei einer hohen Decke enorm ist. In der Nacht hält das dünne Metall die Frische oder auch Kühle der Nacht nicht zurück, und die kann in Küstennähe mitunter unangenehm sein.

Verbuscht

Bei den längeren Aufenthalten im Senegal, ohne touristische Pläne, manchmal abseits der Orte, wo sich andere weiße Touristen aufhalten, schlich sich mitunter ein Gefühl dafür ein, wie es sein könnte, hier Jahre zu verbringen, ohne mehr als sporadischen Kontakt zu Landsleuten oder Weißen überhaupt, und sich dabei allmählich, unmerklich zu verändern.

Langjährige Mitarbeiter in der Entwicklungszusammenarbeit kennen das Phänomen auch als "going nativ". Die hohen Temperaturen haben daran einen nicht geringen Anteil; Arbeit, alle Bewegungen, selbst das Denken machen sie anstrengender, und es ist so einfach, einiges zu lassen, was zum Standard des heimatlichen "zivilisierten" Verhaltens zählt. Auf der anderen Seite kommen dann die anfangs als eigenartig, fremdartig, vielleicht sogar abstoßend empfundenen Verhaltensweisen der Einheimischen näher.

Auf den ersten Reisen war mir der typische westafrikanische Schlurfschritt aufgefallen, eine Eigenart der Fortbewegung, bei der die Füße nicht ganz vom Boden gelöst werden. Beim Aufenthalt in einem kleinen Hotel konnte ich morgens präzise am Laufgeräusch erkennen, ob auf dem Betonstreifen vor der Zimmerflucht ein Weißer oder ein Afrikaner entlangging. Einige Jahre später fiel mir nach einigen Wochen Aufenthalt im Lande auf, dass mein Gang sich dem hiesigen Schlurfschritt deutlich angenähert hatte. Wie im Energiesparmodus hatte ich unbewusst die Muskelaktivitäten auf die für das Fortkommen nötigsten reduziert.

Das Essen mit den Händen habe ich ausprobiert, war dabei aber so ungeschickt und uneffektiv, dass ich den Löffel vorziehe und mich beim Zusehen der natürlichen Eleganz der Hand-bewegungen meiner Nebenesser erfreue.

Lange genug in abgeschiedenen klopapierfreien Landesteilen war ich nicht, um auch die im Senegal übliche Art der Säuberung mit Wasser und der linken Hand auszuprobieren, schließe aber nicht aus, dass dies einmal der Fall sein kann. Die alltägliche Körperpflege habe ich öfter schon nachlässig gehandhabt. Warum soll ich mich hier jeden Tag rasieren? Es ist lästig und unnötig, niemanden stört mein unrasiertes Gesicht.

All dies sind sicher milde Formen der Verbuschung. In der Literatur gelangt der erfolgreiche Elfenbeinagent Kurtz in Joseph Conrads Erzählung "Herz der Finsternis"[1], der literarischen Vorlage für den Film "Apokalypse Now" von Francis Ford Coppola, zu einer umfassenden Verbuschung. Er ist in den "schweren, stummen Bann der Wildnis" geraten, die ihn krank und seine Seele wahnsinnig macht. Die Verbuschung führt hier dazu, dass der ominöse Kurtz sein Gebiet skrupellos ausbeutet, weder vor Raub noch Mord zurückschreckt und sich wilden Ausschweifungen hingibt.

Viel eindringlicher und banaler, aber nicht minder katastrophal verläuft ein Verbuschungsprozess in der weniger bekannten Erzählung von Conrad "Ein Vorposten des Fortschritts"[2], in der zwei französische Handelsagenten alleine mit einigen Schwarzen auf einer entlegenen Handelsniederlassung für Elfenbein allmählich die westlichen Moral- und Verhaltensregeln verlieren. Der absurde Streit um ein paar Stücke Zucker kostet sie schließlich das Leben.

Man kann sich gegen die Verbuschung wehren, die sich unweigerlich an den heranmacht, der lange in Schwarzafrika verweilt. Ich lernte die Inhaberin eines Privat-Campements an der Küste kennen, die sich erfolgreich gegen die Verbuschung zur Wehr gesetzt hatte. Als Tochter eines zu Beginn des letzten Jahrhunderts nach Frankreich emigrierten russischen Adligen hatte sie eine gute Bildung genossen, einen französischen Offizier geheiratet und mit ihm Jahre in Afrika verbracht. Sie hatte als Krankenschwester im Busch gearbeitet und musste sich mit schwierigen Situationen auseinandersetzen. Nach dem Tod ihres Mannes blieb sie im Senegal und führte das kleine Campement bei Mboro. Sie sprach ausschließlich französisch, ein sehr gutes Französisch, hatte einen klaren, leicht autoritären Ton ihren Angestellten gegenüber, wies alle Fraternisierungsangebote zurück und beschränkte ihre Kontakte auf einen kleinen französischen Freundeskreis in Dakar. Sie war von einer "Wo ich bin ist Frankreich"-Aura umgeben und versuchte, diese auf ihr kleines Reich auszudehnen.

In einem anderen Küstenörtchen hatte die Betreiberin eines kleinen Strandrestos den umgekehrten Weg eingeschlagen. Sie sprach fast nur noch Wolof, hatte ein kumpeliges Verhältnis zu ihrer schwarzen Köchin und ein schlitzohriges zu den weißen Gästen, die auch schon mal nach Art des Landes bei den Preisen übervorteilt wurden. Mit ihrer schmuddeligen Schürze und dem immer etwas wirren Haar entsprach sie der Vorstellung einer "sich gehen lassenden", verbuschten Europäerin.

Der Begriff der "Verbuschung" wird in der Regel negativ verwendet und mit dem Verlust der europäischen Standards in Verhalten und Denken gleichgesetzt, mit Schlendrian, fehlender Eigeninitiative, Gleichgültigkeit, äußerem und innerem Sich-Gehen-Lassen assoziiert. Der Gewinn einer bewussten Verbuschung gerät kaum in den Blick: die Anpassung an einheimische Verhaltensweisen hat zweifellos den Vorteil, genauere Kenntnisse der indigenen Alltagskultur zu gewinnen. "Neues kennen zu lernen, das Risiko einzugehen, sich tatsächlich 'verbuschen' zu lassen – dazu laden Begegnungen mit Personen aus anderen Kulturen ein".[3]

(1) *Joseph Conrad, Herz der Finsternis. Verlag Süddeutsche Zeitung, 2004*
(2) *Ein Vorposten des Fortschritts in: Geschichten der Unrast und Sechs Erzählungen. S. Fischer Verlag, Frankfurt am Main 1963*
(3) *Dr. Peter Stadler: http://www.managementletter.ch/content/view/100/27/*

Die letzte Dusche

Der Rückflug von Banjul geht am Abend, die letzten Stunden verbringe ich bei einer befreundeten Familie in Brikama, Gambia. Wir sitzen im Hof, für den Gast ist schnell ein Plastikstuhl organisiert, auch ein Snack wird gereicht: Sardinen aus der Dose mit Zwiebeln und Jumbo, dazu Brot, eine leckere Kombination. Die Mutter des Hauses, Tulay Sadhio, ist 71 Jahre alt und krank; sie hat wochenlang im Busch gearbeitet, batons geschlagen, und ist nun erschöpft und klagt über Schmerzen in der Brust. Das gemietete Häuschen will der Besitzer verkaufen, Tulay will irgendwie versuchen das Haus zu halten, es zu erwerben, ein wahrscheinlich aussichtsloses Unternehmen. Wir sitzen im Hof, Nachbarn sind zu Besuch, ich werde dies und das gefragt, das Englisch ist rudimentär, das Lachen ansteckend. Mit dem Versprechen, Abzüge zu schicken, mache ich einige Fotos. Es dämmert und ich will mich umziehen für die Abreise, mich auch kleidungsmäßig auf Deutschland und das kühlere Klima einstellen. Eine saubere, mit großen Wellblechstücken umstellte "Nasszelle" hinter dem Haus ist Dusche und Klo zugleich. Ich schöpfe mit der kleinen Blechdose Wasser aus dem Eimer, gieße es sparsam über Arme, Beine, Kopf, Brust. Es ist mehr ein Erfrischungsakt als ein Reinigungsvorgang. Ich denke daran, dass in kurzer Zeit wieder so viel Wasser aus der Wand kommen wird, wie ich will. Hier fällt es mir nicht schwer, mit zwei Litern Wasser eine zufriedenstellende Körperdusche vorzunehmen, vom Haarewaschen mal abgesehen. Im Gegenteil, ich habe es schätzen gelernt, mit wenig Wasser auszukommen. Und nicht nur mit weniger Wasser, auch mit weniger Kleidung, weniger Ablenkung, weniger Konsummöglichkeiten. Fernsehen, Computer, Auto, Zeitungen habe ich nicht wirklich vermisst; und dass es nur zwischen zwei Sorten Bier zu wählen gilt, finde ich großartig.

Überhaupt sehe ich dies als einen wesentlichen Gewinn der Senegalreisen an: zu erfahren, mit wie wenig ich auskommen kann, wie wenig ich wirklich brauche – eine Erfahrung, die mir ermöglicht, zumindest für eine gewisse Zeit einen anderen Blick zu haben auf die vielen Dinge, die ich besitze und nicht unbedingt brauche, und auf den generellen Reichtum meines

Heimatlandes. Insofern verstehe ich Henning Mankells Satz aus einem Interview recht gut: *"Afrika macht mich zu einem besseren Europäer."* [1]

Etwas wehmütig stelle ich die Duschdose Marke "Tomatenkonzentrat" beiseite, ziehe die Reisekleidung an und fühle mich in Jeans, Halbschuhen, Hemd mit langem Arm etwas fremd und schon ein Stück weit weg von Afrika. Es ist noch Zeit für einen Ataya-Tee, das vorletzte Ritual, dann verabschiede ich mich, besonders von der alten Frau, die ich vielleicht nicht wiedersehe und der ich noch einen Geldschein zustecke. Das letzte Ritual ist dann die Verhandlung mit dem Taxifahrer über den Fahrpreis zum Flughafen, dann sitze ich im "Mäcädiss" und spüre, wie ich mich innerlich auf die anstehende Eincheck-prozedur und den Rückflug nach Deutschland einzustellen beginne.

[1] *https://www.dtv.de/blog/hintergrund/ein-fuss-im-sand/*

Mamadou: Warten auf die nächste Gelegenheit

"Marokko ist brutal, jeder Ali, so nennen wir die Polizisten, will Geld, wenn er dich ohne Papiere erwischt. Er sagt, gib mir 100 Dirham, dann tu ich so, als ob ich dich schlage und lass dich dann laufen. Er schlägt aber wirklich zu. Für eine Bootsfahrt hatte jeder von uns 800 Euro gezahlt; als es am Abend losgehen sollte, war der Geldeinsammler nicht da. Das Geld war weg, der Kapitän wollte uns nicht mitnehmen. Wir schlafen im Wald von Ceuta, man lebt in kleinen Gruppen zusammen, die für sich kochen usw. Ich bin dann in einem Camion, hinter Kleiderkisten versteckt, nach Spanien gekommen, das hat 600 Euro gekostet. Im Hafen wurde ich gefunden. Der Beamte hätte mir für 500 Euro eine Aufenthaltsgenehmigung für drei Monate gegeben, aber soviel Geld hatte ich nicht mehr. Das war ein Freitag. Ich habe gesagt, ich telefoniere mit einem Freund, der schickt das Geld am Montag. So lange wollte der Mann nicht warten. Da musste ich zurück. Die Marokkaner sind brutal; wir wurden auf Lastwagen an die algerische Grenze gefahren, keine Lebensmittel, kein Wasser. Als sie uns aussteigen ließen, meinten sie: "Beim nächsten Mal mehr Glück!" Jetzt bin ich seit einem Monat wieder hier, ohne Geld, ohne alles. Wie kann ich so zu meiner Mutter gehen? Ich schäme mich, wohne bei einem Freund, niemand aus der Verwandtschaft weiß, dass ich wieder in Dakar bin. Es kommt bestimmt bald eine andere Gelegenheit, ich will es noch einmal versuchen, ich will raus, irgendwann werde ich es schaffen, bestimmt, inshallah ..."

Erläuterungen

Ataya: senegalesischer (eigentlich chinesischer) Tee, der in kleinen Gläsern in drei Aufgüssen und mit viel Zucker angeboten wird

Boutique: kleiner Laden mit Regalen voller Waren des täglichen Bedarfs, wo auch einzelne Zigaretten und in Zeitungspapier oder Plastiksäckchen verpackte Miniportionierungen von Erdnusspaste, Tomatenmark etc. verkauft werden.

Satala: bunter Plastikkessel für Wasser vor allem zum Säubern nach dem Toilettengang (in freier Landschaft)

FCFA / CFA: Franc de la Communauté Financière d'Afrique, ursprünglich (1945 bis 1958) Franc des Colonies Françaises d'Afrique. CFA-Länder sind heute: Senegal, Benin, Guinea-Bissau, Mali, die Elfenbeinküste, Burkina Faso, Togo, Niger, der Tschad, Kamerun, Zentralafrika, Äquatorial-Guinea, Gabun und der Kongo. Der FCFA der 14 afrikanischen Staaten war früher an den französischen Franc, ist heute mit festem Wechselkurs an den Euro gebunden in einem derzeitigen Verhältnis von 1 Euro = 655,957 CFA

Flag/ Gazelle: Es gibt im Senegal zwei Biersorten in je zwei Flaschengrößen, das leichtere "Gazelle" und das deutschen Bieren ähnlichere "Flag". Gazelle ist eher gegen den großen Durst, Flag lässt sich genießen. In den großen Hotels und in den Touristengebieten gibt es auch weitere Biersorten.

Gare Routière, auch **Garage:** Bus- bzw. Taxisammelplatz, in größeren Orten, chaotisch anmutend, aber gut strukturiert.

Griot/Griotte: Familienclans bzw. Kasten von Musikern und Erzählern, die in Westafrika als Bewahrer der Traditionen und Geschichte gelten. Sie begleiten viele Zeremonien mit Trommeln, Gesang etc. Der malische Schriftsteller Amadou Hampâté Bâ sagte: "Wenn ein Griot stirbt, verbrennt eine Bibliothek."

Grisgris: Amulett mit magischer Wirkung, das ums Handgelenk, um die Taille oder um den Hals getragen wird. Oft besteht es aus in Lederhaut eingenähten Koransprüchen. Auch bei jungen und sehr westlich eingestellten Senegalesen ist das Tragen von bzw. die Ausstattung ihrer Kleinkinder mit Grisgris nahezu selbstverständlich.

Guerisseur: Heilkundiger, der seine Behandlungen mit religiös bzw. magisch ausgerichteten Maßnahmen untermauert (Gebete, Amulette, Tierteile etc.). Die Tätigkeitsbereiche von Guerisseur und Marabout überschneiden sich.

Mandinka: In Südsenegal und Gambia vertretene Ethnie, auch Mandingue, Mandé genannt

Marabout/Maraboutage: (von arabisch "*mourabitoune*" – islamischer Gelehrter) Islamgelehrter, der nicht nur bei religiösen Problemen um Rat gefragt wird; er kann in persönlichen Notsituationen beraten, kann Heil- und Zauberkräfte besitzen, die er z. B. bei der Anfertigung von Amuletten einsetzt. Der Marabout wird in dieser Eigenschaft auch von westlich orientierten Senegalesen aufgesucht; sein (auch politischer) Einfluss ist besonders im ländlichen Senegal groß.

Senegalesische Gerichte:
Mafé: Reis mit einer kräftigen, fettigen Erdnusssoße, ergänzt mit etwas Gemüse und Fleisch, im Tangana für 500 (ohne Fleisch) bis 800 CFA zu bekommen
Yassa poulet: Reis mit Huhn, Gemüse und einer Zwiebelsoße
Yassa poisson: Reis mit Fisch, Gemüse und einer Zwiebelsoße
Thieboudienne: Fisch und Reis, Soße und Gemüse. Rezept auf: http://www.kochmeister.com/r/45997-thieboudienne.html

Serer: Zweitstärkste Ethnie im Senegal, hauptsächlich im Sine-Saloum-Gebiet als Bauern und Fischer ansässig.

Tabaski: Hammelfest, hohes islamisches Fest, in der Bedeutung unserem Weihnachtsfest vergleichbar

Tangana: Wörtlich „warm", Imbissstand, kleines sehr einfaches senegalesisches Restaurant, von außen meist kaum zu erkennen.

Toubab: Mit dem Begriff "toubab" werden alle Weißen im Senegal bezeichnet; es gibt eine Erklärung, dass der Begriff sich von "two bobs" (zwei Shilling) ableite, was zur Kolonialzeit der Preis für einen Sklaven in Gambia gewesen sein soll. Eine andere Erklärung weist auf die mögliche Ableitung vom Begriff "toubib" = Doktor (frz./arab.) hin. Des Weiteren gibt es die Auffassung, dass das Wort aus dem Wolof komme und soviel wie *umwandeln* bedeute.

Verkehrsmittel

Taxi: In der Regel das gelb-schwarze Stadttaxi, bei dessen Benutzung man unbedingt den Fahrpreis vorher vereinbaren muss. Vorherige Informationseinholung über den üblichen Streckenfahrpreis erleichtert die Verhandlung mit dem Chauffeur.

Taxi brousse: Sammelbegriff "Buschtaxi", in der Regel der Septplace, ein Peugeot 504 mit 7 Plätzen

Mini-Bus: öffentliches Verkehrsmittel mit 18 Plätzen, vier Reihen à vier Sitzplätze plus zwei Beifahrerplätze

Car: öffentliches Verkehrsmittel mit 32 Sitzplätzen, sechs Reihen à fünf Sitzplätze plus zwei Beifahrerplätze

Wolof: Zahlenmäßig vorherrschende Ethnie im Senegal, deren Sprache zugleich Verkehrssprache ist. Im Wolof herrschen kurze Wörter vor, die Zeiten und Modalitäten werden vornehmlich über eine große Zahl von Personalpronomina geregelt – eine grammatische Struktur, die das Erlernen der Sprache für Europäer schwierig macht. Die Schreibweise ist aufgrund der späten Verschriftlichung bis heute uneinheitlich. Zum Erlernen des Wolof werden in Deutschland mittlerweile Sprachkurse angeboten, der Kauderwelsch-Sprachführer von Michael Franke ist hier ebenfalls hilfreich.

Literaturhinweise

Senegalesische Literatur
Khady, Die Tränen der Töchter. *Knaur Taschenbuch 2007*

Fatou Diome, Der Bauch des Ozeans.
Diogenes Verlag Zürich 2004

Aminata Sow Fall, Die Rückkehr der Trommeln.
edition kappa, München 2001

Mariama Bâ, Ein so langer Brief. Ein afrikanisches Frauen-
schicksal. *Ullstein Verlag, Ffm 1980*

Ousmane Sembene, Weiße Genesis.
Oberbaum Verlag, Berlin 2000

Abasse Ndione, Die Piroge. *transit buchverlag 2014*

Youssou N'Dour, Die Küche meiner Mutter – Senegal
Christian Verlag 2004

Reiseführer
"Zu Gast im Senegal - ein Land und seine Menschen", 96 S.,
2003, erhältlich bei Naturfreunde Intenatinal NFI www.nafi.at
Die "Österreichische Entwicklungszusammenarbeit" unterstützte
das Projekt.

Jojo Cobbinah, Senegal / Gambia: Praktischer Reiseführer an
die Westspitze Afrikas, *Peter Meyer Verlag, 4. Auflage 2002*

**Thomas Baur, Senegal, Gambia: Senegambia und den
Bijagos-Archipel entdecken**
Reise Know-How Verlag, Bielefeld, 3. Auflage 2007

Michael Franke, Wolof für den Senegal. Kauderwelsch Band
89. *Reise Know-How Verlag, Bielefeld, 4. Auflage 2006*

Literatur über Senegal

Nina Nayan, Im Senegal. Die afrikanische Variante des Glücks
Wiesenburg Verlag 2007

Peter Kohle, Afrika. Patt Problem. Ein Reisebericht
Libri Books on Demand 1998 (zu Senegal: S. 77-99)

Lieve Joris, Ah, c'est l'afrique
in: Die Sängerin von Sansibar, S. 41-54
Piper Verlag München 2001

Ryszard Kapuscinsky, Madame Diouf kehrt nach Hause zurück
in: Afrikanisches Fieber, S. 268, *Eichborn Verlag 1999*
ders., Ein Tag im Dorf Abdallah Wallo, ebd., S. 210

Rainer Lienemann. Bonjour Toubab! Neue Reiseimpressionen
aus dem Senegal. *BOD 2015*

weitere Literatur zu (West-)Afrika

Andreas Alsmann, Weit weg vom Rest der Welt. In 90 Tagen
von Tanger nach Johannesburg. *rororo, Hamburg 1996*

Richard Dooling, Grab des weißen Mannes. *dtv 1999*

Bartholomäus Grill, Ach Afrika! Berichte aus dem Inneren
eines Kontinents. *Wilhelm Goldmann Verlag, München 2005*

Janheinz Jahn, Durch afrikanische Türen. Erlebnisse und
Begegnungen in Westafrika. *Büchergilde Gutenberg 1962*

Henning Mankell, Das Auge des Leoparden. *dtv 2006*

Patrick Marnham, Die Weißen kommen! Eine afrikanische
Chronik. *Diogenes Verlag, Zürich 1990*

Steven Voien, Der schwarze Leopard. *Ullstein, Berlin 1999*

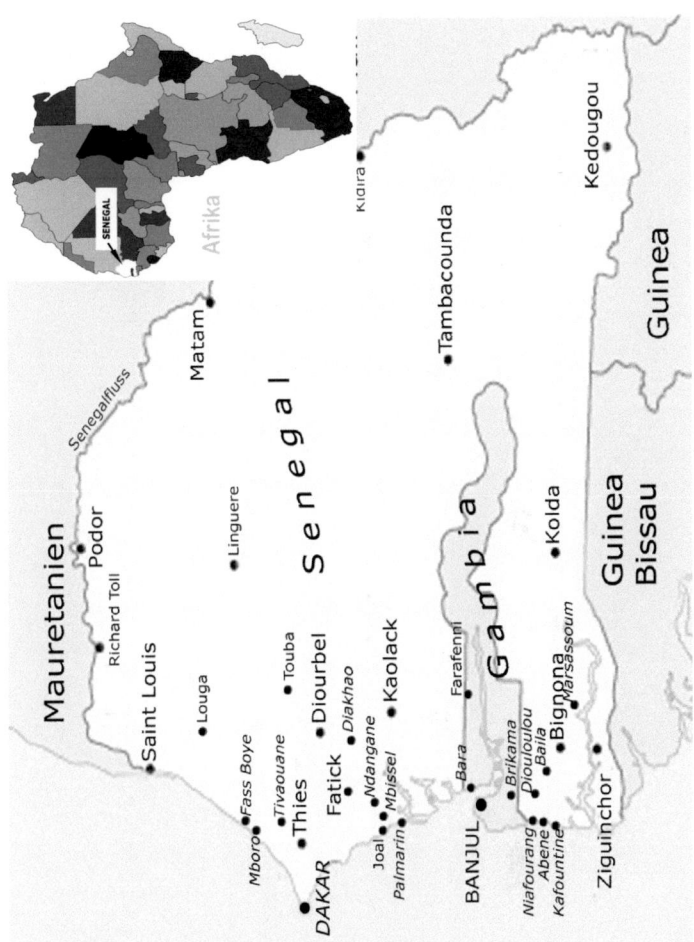

Senegal:

Fläche: 196.000 km² (Deutschland: 357.092 km²)
Einwohner: 13,6 Millionen, 60 pro km²
*   43% der Bev. unter 15 Jahre*
Lebenserwartung: Männer 58, Frauen 63 Jahre
BIP pro Kopf: 880 Euro (Deutschland 35.690)
* (Quelle: CIA World Factbook 2014 und Statistisches Bundesamt 2015)*